U0895035

国家社科基金项目成果经管文库

Spatio-temporal Evolution and Promotion Path of China's Ecological Total Factor Productivity from the Perspective of Strong Sustainability

强可持续视角下中国生态全要素生产率的时空演化与提升路径研究

杨万平 李冬／著

中国财经出版传媒集团
经济科学出版社
Economic Science Press

图书在版编目（CIP）数据

强可持续视角下中国生态全要素生产率的时空演化与提升路径研究/杨万平，李冬著.—北京：经济科学出版社，2021.4
（国家社科基金项目成果经管文库）
ISBN 978-7-5218-2497-1

Ⅰ.①强… Ⅱ.①杨…②李… Ⅲ.①全要素生产率-研究-中国 Ⅳ.①F249.22

中国版本图书馆 CIP 数据核字（2021）第 070890 号

责任编辑：崔新艳
责任校对：郑淑艳
责任印制：范　艳　张佳裕

强可持续视角下中国生态全要素生产率的时空演化与提升路径研究
杨万平　李　冬　著
经济科学出版社出版、发行　新华书店经销
社址：北京市海淀区阜成路甲 28 号　邮编：100142
经管中心电话：010-88191335　发行部电话：010-88191522
网址：www.esp.com.cn
电子邮箱：espcxy@126.com
天猫网店：经济科学出版社旗舰店
网址：http://jjkxcbs.tmall.com
北京季蜂印刷有限公司印装
710×1000　16 开　11 印张　200000 字
2021 年 5 月第 1 版　2021 年 5 月第 1 次印刷
ISBN 978-7-5218-2497-1　定价：55.00 元
（图书出现印装问题，本社负责调换。电话：010-88191510）

国家社科基金项目成果经管文库

出版说明

经济科学出版社自1983年建社以来一直重视集纳国内外优秀学术成果予以出版。诞生于改革开放发轫时期的经济科学出版社，天然地与改革开放脉搏相通，天然地具有密切关注经济领域前沿成果、倾心展示学界翘楚深刻思想的基因。

2018年恰逢改革开放40周年，40年中，我国不仅在经济建设领域取得了举世瞩目的成就，而且在经济学、管理学相关研究领域也有了长足发展。国家社会科学基金项目无疑在引领各学科向纵深研究方面起到重要作用。国家社会科学基金项目自1991年设立以来，不断征集、遴选优秀的前瞻性课题予以资助，我社出版了其中经济学科相关的诸多成果，但这些成果过去仅以单行本出版发行，难见系统。为更加体系化地展示经济、管理学界多年来躬耕的成果，在改革开放40周年之际，我们推出"国家社科基金项目成果经管文库"，将组织一批国家社科基金经济类、管理类及其他相关或交叉学科的成果纳入，以期各成果相得益彰，蔚为大观，既有利于学科成果积累传承，又有利于研究者研读查考。

本文库中的图书将陆续与读者见面，欢迎相关领域研究者的成果在此文库中呈现，亦仰赖学界前辈、专家学者大力推荐，并敬请经济学界、管理学界给予我们批评、建议，帮助我们出好这套文库。

经济科学出版社经管编辑中心

2018年12月

本书为国家社会科学基金项目“强可持续视角下中国生态全要素生产率的时空演化与提升路径研究”（项目批准号：17BJL043）的成果，出版受到“西安交通大学人文社会科学学术著作出版基金”和“中央高校基本科研业务费专项资金”的资助。

前言

Preface

制度优势源于理论优势、显于治理效能。基于强可持续的自然资本局部可替代性和关键自然资本不可替代性逐渐被人们接受，正融入政策发展的主流。党的十八大将生态文明写入党章；2015 年 5 月，中共中央、国务院发布《关于加快推进生态文明建设的意见》；2016 年 12 月，中共中央办公厅、国务院办公厅印发《生态文明建设目标评价考核办法》；党的十九大报告中多处谈及“生态”“绿色”“生态文明”，认为推进生态文明建设与实现经济高质量发展是全球可持续发展的中国实践，已经成为转变经济发展方式不可或缺的组成部分；党的十九届四中全会又提出“必须践行绿水青山就是金山银山的理念，坚持节约资源和保护环境的基本国策”，就是对强可持续理论的具体实践。

近年来受错综复杂的国际环境和国内经济深层次矛盾凸显的影响，中国已经进入增速换挡期、结构调整阵痛期和前期刺激政策消化期，经济增长的平衡性、协调性和可持续性亟待增强。为了扭转这种局面，2015 年 3 月 5 日，中国政府首次在工作报告中指出解决“三期叠加矛盾”的路径是“提高全要素生产率”；2015 年 3 月 23 日，《人民日报》指出“全要素生产率是新常态下唯一可持续的增长动力”。党的十八届五中全会又把“推进生态文明建设，促进经济平稳健康发展”列为“十三五”时期我国发展的指导思想。党的十九大报告又表明全要素生产率是推动经济发展质量变革、效率变革、动力变革的重要手段。2018 年底召开的中央经济工作会议再次强调，坚持推动高质量发展，提高经济效率，转换增长动力，促进全要素生产率提升，实现环境保护与经济发展的双赢。

在此背景下，本研究以中国省级单位为研究对象，聚焦“如何提升不同区域生态全要素生产率”这一亟待解决的重大理论和现实问题。基于强可持续发展理论，将强可持续发展理论的环境福利非减性发展约束引入生态环境质量评价，从环境建设和环境损害两个维度对中国各省的生态环境质量进行综合评价。继而将生态环境建设和能源消费引入生产技术，将环境损害和经济产出引入生产过程，按不同形式引入生态全要素生产率的测度与提升路径模型，建立强可持续的全要素生产率研究新范式。提出一种时间因子非径向投入导向的生态全要素生产率指标，以投入目标值与实际值的比率表示要素的全要素生产率，将生产要素的序列方向性距离函数与生态全要素生产率指标相结合，构建要素绩效与总体绩效之间“分—总”的研究范式。从生产要素的视角对总体绩效进行系统性分解，进而实现要素绩效对总体绩效的贡献度评价。充分考虑中国区域经济发展平衡性，从要素绩效和总体绩效两个层面对生态全要素生产率增长进行系统性揭示，动态识别生态全要素生产率增长的时空演变，剖析生态全要素生产率增长的区域差异、要素源泉与动态演化规律。最后通过剖析不同区域的生态全要素生产率提升路径，检验制度环境下不同政策工具的实施效果、触发条件和作用方式，从“国家—区域”两个层面制定提升生态全要素生产率的综合解决方案，进而为不同区域推动生态文明建设、实现经济高质量发展提供路径支持。

本书所尝试的创新可归纳为以下三个方面。

(1) 基于强可持续发展理论，从生态环境损害和生态环境建设两个维度来构建系统科学的生态环境质量动态评价体系，提出包含生态损害指数(EPI)、生态建设指数（EMI）和生态质量指数（EQI）在内的生态环境质量评价指标，进而将生态环境评价体系纳入生态全要素生产率框架中，提出了引入时间因子非径向投入导向的新型动态生态全要素生产率指标SLP指数，将要素绩效向总体绩效拓展，揭示和解释了中国生态全要素生产率的变动趋势、区域差异与要素源泉。研究有三方面发现。

其一，中国生态环境损害指数EPI整体呈现下降趋势，而生态环境建设指数和生态环境质量指数整体呈现上升趋势。在区域协调发展和生态文明建设的诉求下，生态环境质量空间分布差距较大，且其特征机制分化明显。

其二，中国要素生产率均有所增长，以“劳动—环境建设—非清洁能源—资本—清洁能源”的累计增长率依次递减，技术效率是要素效率提升的主要驱动力。生态全要素生产率呈现技术效率单轮驱动的增长趋势。在区域协调发展和生态文明建设的诉求下，地区间生态全要素生产率增长还未实现协调发展，一方面生态全要素生产率增长的区域差距明显，且差距存在扩大的趋势，另一方面地区间生态全要素生产率存在“U”型阶段波动性波动下降趋势，东部地区增长更稳定，中西部地区增长波动性更大。

其三，中国生态全要素生产率增长的要素贡献度按照“劳动—环境建设—非清洁能源—资本—清洁能源”的次序依次递减，生态效率和技术效率的要素贡献度按照“环境建设—劳动—资本—非清洁能源—清洁能源”的次序依次递减，区域间分项要素贡献度存在明显差异，东部地区以劳动和环境建设生产率提升和要素贡献为主，中部、西部地区以劳动和能源的生产率提升和要素贡献为主，环境建设和劳动逐渐成为生态全要素生产率增长的核心动力。

（2）构建中国生态全要素生产率时空演化系统分析的研究框架，通过Kernel核密度估计和方差分解模型来刻画要素生产率和生态全要素生产率增长的分布动态演进及其成因，通过Dagum基尼系数来揭示生态全要素生产率增长的区域差异及其演化机制，通过Markov转移矩阵和地理探测器来解释要素生产率和生态全要素生产率增长的长期趋势演进及其作用机制，在空间互动的视角下，通过空间自相关方法和动态空间收敛模型对整体和地区间的生态全要素生产率增长的空间收敛趋势和影响因素进行全景式的揭示和解释。研究有三方面发现。

其一，中国要素生产率增长已经出现了省际收敛的趋势，要素流动性进一步增强，环境建设生产率流动性较小，劳动和非清洁能源的要素生产率增长的省际差异在缩小，资本生产率的路径依赖较强。生态全要素生产率的总体区域差异存在持续增长趋势，不仅区域间差距在扩大，区域内部不平衡的现象也在凸显，区域间不平衡是生态全要素生产率总体区域差异的首要来源，其次是区域内不平衡，而超变密度对总体区域差异的贡献度在逐渐降低。生态全要素生产率的效率变动与技术进步出现贡献率结构的明显差异，区域间尚未实现效率改善与技术进步的协同增长。

其二，中国要素生产率跳跃转移概率普遍较小，环境建设的极化效应明显，生态全要素生产率增长的长期趋势较为稳定，但生态效率和技术进步呈现出更明显的水平波动。生态全要素生产率及其生态效率的长期趋势演化中，要素生产率的影响程度按“环境建设—非清洁能源—劳动—清洁能源—资本”的次序依次递减，技术进步长期趋势演化中，要素生产率的影响程度按“环境建设—非清洁能源—资本—劳动—清洁能源”的次序依次递减。技术进步在资本、劳动和清洁能源上的影响程度出现差别，反映了生态效率与技术进步协同提升的要素错配现象，要素生产率长期趋势演化中的技术进步和生态效率改进的平衡性亟待进一步提升。

其三，中国生态全要素生产率存在较为显著的全局空间集聚性，集聚的程度随时间的推进呈现波动下降的趋势，生态全要素生产率较接近的地区在地理空间分布上相对集中，空间集聚的显著性表现为不断扩大后维持稳定的趋势。生态全要素生产率存在β条件收敛效应且通过了显著性检验，存在一定幅度的空间溢出效应。东部、中部、西部地区生态全要素生产率都呈现较为明显的β条件收敛趋势且空间外溢效应为正，中部、西部地区的收敛速度大于东部地区。

（3）构建生态全要素生产率提升路径模型，从动力机制、激励机制、约束机制和保障机制等维度剖析不同区域生态全要素生产率的提升路径，检验制度环境下不同政策工具的实施效果、触发条件和作用方式，从“国家—区域”两个层面制定提升生态全要素生产率的综合解决方案，进而为不同区域推动生态文明建设，实现经济高质量发展提供路径支持。研究有四方面发现。

其一，动力机制检验中，动力机制对提升生态全要素生产率具有显著影响，这说明提升生态全要素生产率受经济发展的显著影响。各省需不断转变经济发展方式，以跨越“中等收入陷阱”为目的，不断推动绿色发展。

其二，激励机制检验中，环境税、绿色补贴对提升生态全要素生产率存在显著影响。环境税的实质是把污染者的外部成本转化为内部成本，从而达到控制污染排放的目标。环境的外部性特征明显，当环境的外部不经济性不能内化的情况下，环境补贴能较为明显地提升生态全要素生产率。

其三，约束机制检验中，单位污染量与提升生态全要素生产率呈负相关性，说明以单位污染排放量作为提升生态全要素生产率的约束机制是有效的，能够倒逼各地区主动提升生态全要素生产率。污染排放总量并没有通过显著性检验，其对提升生态全要素生产率影响有限，也说明以总量排污为目标的约束机制并没有起到促进绿色发展的作用。

其四，保障机制检验中，社会公众环境监督案件受理数量、办结数量对提升生态全要素生产率具有影响，说明社会公众的参与同提升生态全要素生产率具有显著的正相关性。环保系统人员占全社会从业人员比例和环保系统人员绝对数量也通过显著性检验，说明政府主导的环境治理模式对于提升生态全要素生产率同样具有重要意义。

目　录

Contents

第一章　绪论 ………………………………………………… 1

第一节　研究背景及意义 ………………………………………… 1

第二节　研究内容 ………………………………………………… 4

第三节　研究方法 ………………………………………………… 10

第四节　拟解决的关键问题及创新之处 ………………………… 12

第二章　文献综述 ……………………………………………… 14

第一节　理论综述 ………………………………………………… 14

第二节　实证研究 ………………………………………………… 26

第三节　文献述评 ………………………………………………… 32

第三章　中国生态环境质量综合评价 ………………………… 34

第一节　指标体系构建及数据来源 ……………………………… 34

第二节　生态环境质量评价方法 ………………………………… 38

第三节　生态环境质量评价分析 ………………………………… 40

第四节　生态环境质量的时空演化 ……………………………… 45

第五节　生态环境质量的空间收敛 ……………………………… 51

第四章　中国生态全要素生产率增长的动态测度 …………… 63

第一节　生态全要素生产率的模型构建 ………………………… 64

第二节 指标选取与数据来源 …… 68
第三节 生态全要素生产率增长测度 …… 70
第四节 生态全要素生产率增长的要素贡献 …… 79

第五章 中国生态全要素生产率增长的时空演化 …… 85
第一节 生态全要素生产率增长的动态演化 …… 85
第二节 生态全要素生产率增长的区域差异 …… 93
第三节 生态全要素生产率增长的长期趋势演化 …… 101

第六章 中国生态全要素生产率增长的空间收敛 …… 107
第一节 全局空间自相关测度 …… 107
第二节 局部空间自相关聚类 …… 108
第三节 空间收敛性分析 …… 110

第七章 中国生态全要素生产率增长的提升路径 …… 119
第一节 提升路径的作用机理 …… 119
第二节 提升路径的模型构建 …… 126
第三节 提升路径的实证分析 …… 129

第八章 研究结论与政策建议 …… 138
第一节 研究结论 …… 138
第二节 政策建议 …… 143
第三节 研究展望 …… 149

参考文献 …… 151

第一章 绪　论

第一节 研究背景及意义

一、研究背景

随着对能源和环境问题的担忧，可持续理论应运而生。皮尔斯（Pearce，1989）依据自然资本与人造资本之间是否能够完全替代，将可持续划分为弱可持续和强可持续。弱可持续发展理论认为，只要经济发展能够抵消环境和社会损失，其发展模式就是可持续的。自然资本与人造资本之间可以完全替代，即只要资本存量的总价值保持恒定或者有所增长，使其保留给子孙后代，它们所产生的利益种类就不会有差异。例如，假设科技进步可以满足日益增长的人类需求，则就不需要对人类需求加以遏制（张晓玲，2018）。同样，只需保证总财富不减少，则就无须考虑生态极限。弱可持续试图实现经济增长与资源消耗相脱钩的目标，由此虽然带来较高的经济增长，却以严重的生态退化作为代价。

因此，基于强可持续的自然资本局部可替代性和关键自然资本不可替代性逐渐被人们接受，正融入政策发展的主流。中国"十一五"国民经济与社会发展规划纲要中首次将节能减排列入规划，即将万元 GDP 能耗、化学需氧量、二氧化硫排放总量、耕地保有量、森林覆盖率等纳入经济增长考核的约束性指标。党的十八大将生态文明写入党章，"十二五"规划中约束性指标数量增加，单位 GDP 二氧化碳排放量、氨氮和氮氧化物排放量等也被纳入污染排放总量控制目标，并提出水资源管理"三条红线"。2015 年 5 月，中共中央、国务院联合发布《关于加快推进生态文明建设的意见》；2016 年 12 月，中共中央办公厅、国务院办公厅联合发布《生态文明建设目标评价考核办法》。“十三五”规划将全国地级及以上城市 PM2.5、PM10 浓度值纳入约束性指标，同时首次将“加强生态文明建设”列为规划十大任务目标之一，并将战略性新兴产业增加值占 GDP 比重、节能环保产业产值等指标纳入生态文明建设目标，强调生态文明制度体系的建立及完善。2016 年 12 月，中共中央办公厅、国务院办公厅印发《生态文明建设目标评价考核办法》，党的十九大报告中多处出现“生态”“绿色”“生态文明”，认为推进生态文明建设与实现经济高质量发展是全球可持续发展的中国实践，已经成为转变经济发展方式不可或缺的组成部分，党的十九届四中全会又提出“必须践行绿水青山就是金山银山的理念，坚持节约资源和保护环境的基本国策”，就是对强可持续理论的具体实践。

近年来，受错综复杂的国际环境和国内经济深层次矛盾凸显的影响，中国已经进入增速换挡期、结构调整阵痛期和前期刺激政策消化期，经济增长的平衡性、协调性和可持续性亟待增强。为了扭转这种局面，2015 年 3 月 5 日，中国政府首次在工作报告中指出解决“三期叠加矛盾”的路径是“提高全要素生产率”；3 月 23 日，《人民日报》指出“全要素生产率是新常态下唯一可持续的增长动力”（杨万平和赵金凯，2018）。全要素生产率的提高不仅可以促进经济发展方式的转变（蔡昉，2013），而且可以缩小地区发展差距（朱子云，2015），还是跨越中等收入陷阱的制胜法宝（杨汝岱，2015）和供给侧结构性改革的着力点（沈坤荣和金刚，2016）。党的十八届五中全会又把“推进生态文明建设，促进经济平稳健康发展”列为“十三五”时期我国发展的指导思想。党的十九大报告又表明全要素生产率是推动经济发展质量变革、效率变革、动力变革的重要手段。2018 年底召开的中央经济工作会议再次强调，坚持推动高质量发展，提高经济效率，转换增长动力，促进全要素生产率提升，实现环境保护与经济发展的双赢。

因此，基于强可持续理论，在建设生态文明的诉求下，如何科学评定中国各省的生态环境状况，并将其纳入全要素生产率的框架来重新审视中国各省的生态全要素生产率，构建“要素绩效—总体绩效—要素贡献度”逐层递进的研究范式，动态识别生态全要素生产率的时空演变，剖析不同区域生态全要素生产率的提升路径，检验不同政策工具的实施效果、触发条件和作用方式就成为需要迫切研究的理论和现实问题。

二、研究意义

（一）理论意义：丰富中国生态全要素生产率的研究视角和测算方法

（1）将强可持续发展理论和方法引入到生态全要素生产率的研究框架中，创新和丰富了全要素生产率研究的理论体系。基于强可持续发展理论，将生态环境福利非减性诉求内生化，将生态环境建设和生态环境损害作为生态环境质量的评价维度，进而同时纳入生态环境质量综合评价体系。将非清洁能源和清洁能源同时纳入生态全要素生产率研究框架中，创新和丰富理论视角，提出一种非径向投入导向的新型生态全要素生产率指标。以投入目标值与实际值的比率表示要素的全要素效率，建立生产要素绩效和总体绩效的联系桥梁。将生产要素绩效向总体要素绩效拓展，构建“要素绩效—总体绩效—要素贡献度”的生态全要素生产率分析框架，从范式转换的新视角研究生态全要素生产率。

（2）从理论和经验两方面全面揭示生态全要素生产率的“黑箱”，拓展和深化生态全要素生产率研究的对象和内容。利用探索性空间数据分析方法从时间和空间、过程和效果双维度刻画不同区域生态全要素生产率的时空演化，丰富其研究方法，通过区域差异分解方法来深入剖析不同区域生态全要素生产率的差异类型和形成机制，通过动态空间计量模型来诠释不同区域生态全要素生产率的空间关联机制和空间收敛规律，形成生态全要素生产率研究的时空演化分析框架。

（3）构建生态全要素生产率的提升路径模型。从过程和效果双维度刻画绿色发展现实条件，将其分解为动力机制、激励机制、约束机制和保障机制的作用机制，剖析经济、资源、环境子系统相互联系、相互作用、相互制约的内在机理和协调功能。修正和完善生态全要素生产率提升路径模型，推演作用机理，拓展和深化研究内容，为解决生态全要素生产率研究中关键的机制设计问题提供新的研究思路。

（二）现实意义：为推进生态文明建设，提升生态全要素生产率，促进经济高质量发展提供政策支持

基于强可持续理论，从环境建设和环境损害两个维度，构建生态环境综合

评价体系，力求客观描述生态环境现状，刻画演进轨迹，全面反映不同区域的生态文明建设水平，检验美丽中国建设成果，有助于正确认识绿色发展面临的深刻变化和挑战，客观描述生态环境现状，准确把握不同区域生态文明建设的内在规律，为加快转变经济发展方式，实现永续发展提供科学依据和路径支持。

（1）刻画生态发展多层面的立体差异现实图景，为生态全要素生产率提升的差异化政策设计提供现实靶向支撑。以分布动态、区域差异和空间收敛特征为依托，揭示生态全要素生产率的时空演化规律，探究不同区域生态全要素生产率提升的现实条件及其有效空间，为制定集约、有质量、可持续的生态文明建设和经济高质量发展路径奠定决策基础。

（2）理清生态全要素生产率提升的路径机制，为贯彻落实生态文明建设和高质量发展战略提供政策工具手段。对生态全要素生产率进行由表及里、去伪存真的处理，从而客观概括生态全要素生产率提升的普遍本质和关键要素的调节和作用方式，并实证检验横向博弈和纵向博弈背景下生态全要素生产率提升的作用机理，为推进和提升不同区域的生态全要素生产率提供政策工具。

第二节 研究内容①

一、概念界定

根据研究需要，首先对强可持续发展、生态环境质量和生态全要素生产率进行概念界定。

强可持续发展理论强调资源、环境等关键性自然资本的非减性，即在经济发展的同时，也要保持资源和环境的各自福利非下降，否则即使经济实现增长，也是不可持续的（杨万平和赵金凯，2018）。人造资本和自然资本之间不能完全相互替代，只能有限度地替代，且至关重要的自然资本是不可替代的，比如全球生命支持系统、自然防洪渠道、土壤的再生能力、地球调节大气成分

① 本节参见已发表文章：杨万平，赵金凯．中国人居生态环境质量的时空差异及影响因素研究［J］．华东经济管理，2018，32（2）：58－67.

的过程和营养圈循环等，因此经济增长并不能完全弥补对生态环境的破坏。实现强可持续发展，关键还是要解决经济增长与生态环境之间的矛盾，加强环境保护、治理以及对至关重要的自然资本的修复，实现经济生态化发展（柴盈和曾云敏，2010）。

生态环境是影响人类生活和生产活动，与人类密切相关的各种自然力量或作用的总和，是关系到经济社会可持续发展的复合生态系统。生态环境质量是环境系统客观存在的一种本质属性，是环境系统所处状态的整体性表述，与人类健康生存、人类发展改善的价值性需求密切相关。生态环境质量不仅与人类活动所产生的污染排放相关，还和生态修复、环境保护等投入密切关联。

生态全要素生产率进行模型构建的首要前提是将强可持续理论引入到全要素生产率的分析框架，构建一个同时包含投入、合意产出和非合意产出的生产可能性集合。强可持续在2012年联合国“里约+20”全球可持续发展大会上被正式确定为新的绿色发展范式，要求人类社会经济发展必须尊重地球边界和生态极限。与弱可持续相比，强可持续理论强调资源和环境等关键自然资本的不可替代性，要求在损害生态环境的同时还要不断提高环境的自净能力，保证环境福利的非减性（杨万平和赵金凯，2018）。按照强可持续理论环境福利非减性发展诉求，在推进生态文明建设和提升经济增长质量的过程中，一是在损害生态环境的同时，要不断改造、修复环境系统，提高环境建设能力（袁晓玲等，2018），二是调整能源消费结构，构建清洁低碳、安全高效的能源体系（李政大等，2017）。基于此，本研究将环境建设和能源消费引入生产技术，并进一步将能源消费分为非清洁能源和清洁能源，按不同形式引入生态全要素生产率的测度与提升路径模型，建立强可持续的全要素生产率研究新范式。

二、研究目标

本研究以中国省级单位为研究对象，聚焦“如何提升不同区域生态全要素生产率”这一亟待解决的重大理论和现实问题。基于强可持续发展理论，将强可持续发展理论的环境福利非减性发展约束引入生态环境质量评价，从环境建设和环境损害两个维度对中国各省的生态环境质量进行综合评价，继而将生态环境建设和能源消费引入生产技术，将环境损害和经济产出引入生产过程，按不同形式引入生态全要素生产率的测度与提升路径模型，建立强可持续的全要素生产率研究新范式。提出一种时间因子非径向投入导向的生态全要素生产率指标，以投入目标值与实际值的比率表示要素的全要素生产率，将生产要素的序列方向性距离函数与生态全要素生产率指标相结合，构建要素绩效与总体绩效之间“分—总”的研究范式。从生产要素的视角对总体绩效进行系统性分解，进而实现要素绩效对总体绩效的贡献度评价。充分考虑中国区域经济发展平衡性，从要素绩效和总体绩效两个层面对生态全要素生产率增长进行系统性揭示，动态识别生态全要素生产率增长的时空演变，剖析生态全要素生产率增长的区域差异、要素源泉与动态演化规律。最后通过剖析不同区域的生态全要素生产率提升路径，检验制度环境下不同政策工具的实施效果、触发条件和作用方式，从“国家—区域”两个层面制订提升生态全要素生产率的综合解决方案，进而为不同区域推动生态文明建设，实现经济高质量发展提供路径支持。基于此，本研究的目标包括：

（1）基于强可持续发展理论，将环境损害和环境建设、非清洁能源和清洁能源，纳入生态环境评价、生态全要素生产率测度和提升路径模型，修正和完善理论视角和测度方法；

（2）运用纵横向拉开档次法测度生态环境质量，运用 SLP 模型评价生态全要素生产率的水平，构建生产要素绩效与总体绩效之间的“分—总”的逻辑关系，从生产要素的新视角对总体绩效进行系统性解构，进而实现分项生产要素对总体绩效的贡献度评价，利用探索性空间数据分析方法探究区域差异成因；

（3）厘清生态全要素生产率的影响因素，推演、检验政策工具效果，剖析不同区域的提升路径，检验不同政策工具的实施效果、触发条件和作用方式，提供差异化的提升路径与优化方案设计的理论蓝本；

（4）围绕如何提高不同区域的生态全要素生产率，缩小区域差距，从“国家—区域”两个层面优化解决方案，系统提出生态全要素生产率的提升路径。

三、研究内容

本研究包括四个部分，总体框架见图 1－1。

（一）强可持续视角下生态全要素生产率模型构建

将强可持续发展理论引入生态环境评价，建立能全面反映生态环境的主观、客观作用机理的评价指标体系，打通生态文明双向演进通道，探索质量型生态文明的建设路径；继而将生态环境纳入全要素生产率的研究框架，构建一种引入时间因子非径向投入导向的新型动态生态全要素生产率指标（sequential input-oriented luenberger productivity indicator，SLP）——生态全要素生产率，并与分项生产要素的序列方向性距离函数相结合，实现分项生产要素对总体绩效的贡献度评价，完善全要素生产率的研究内容。

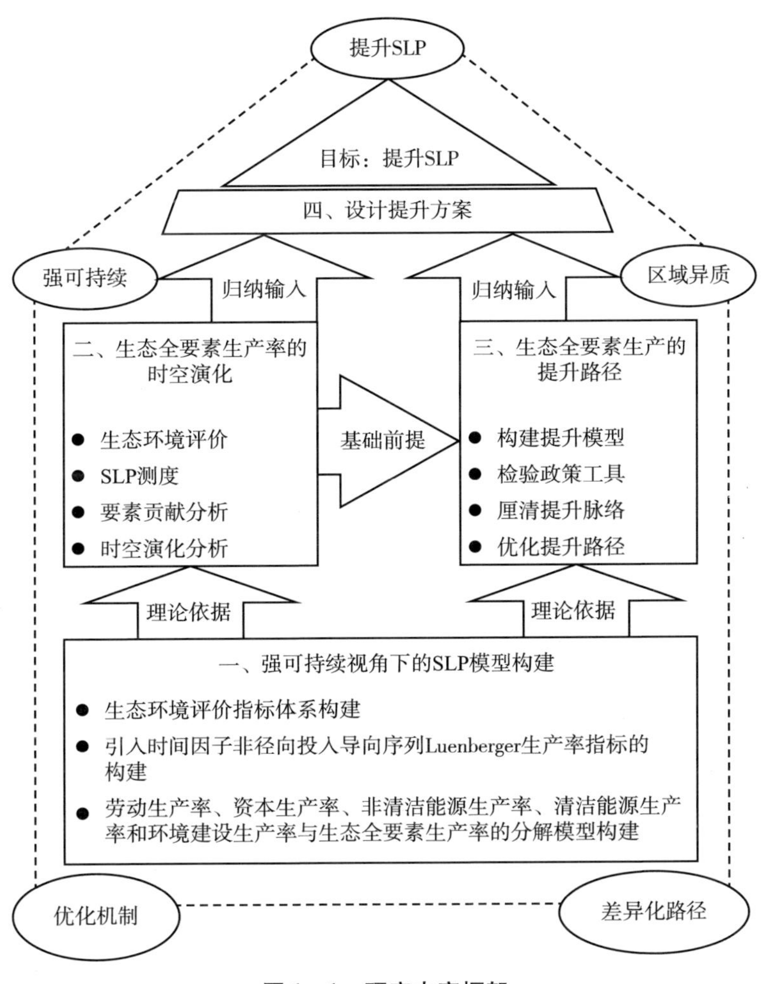

图1－1 研究内容框架

（二）中国生态全要素生产率的时空演化（见图1－2）

运用纵横向拉开档次法全面、客观评价中国生态环境现状，将其纳入全要素生产率框架，运用 SLP 模型计算生态全要素生产率，测算分项生产要素对总体绩效的贡献；以分布动态法中的 Kernel 核密度估计研究其总体演化趋势分析，进一步通过方差分解对其成因机制进行识别；以 Markov 转移概率矩阵研究其长期演进趋势，进一步通过地理探测器进行其空间分异机制的识别；以 Dagum 基尼系数对生态全要素生产率增长的区域差异进行揭示，进一步识别区域内差异和区域间差异的总体演进趋势；基于 GIS 平台，应用探索性空间统计分析（ESDA），将传统统计量和空间视角结合，运用全局 Moran's I 指数来衡量不同地市之间整体上的空间关联；运用局部 Moran's I 指数来衡量区域失衡的格局类型，有效地揭示局部的异质性；采用动态空间面板模型，在考虑经济、地理距离多种空间权重矩阵的基础上，将制度因素和地理空间因素纳入省际生态全要素生产率的收敛研究，从更深入的视角认识中国不同区域生态全要素生产率发展的差距。

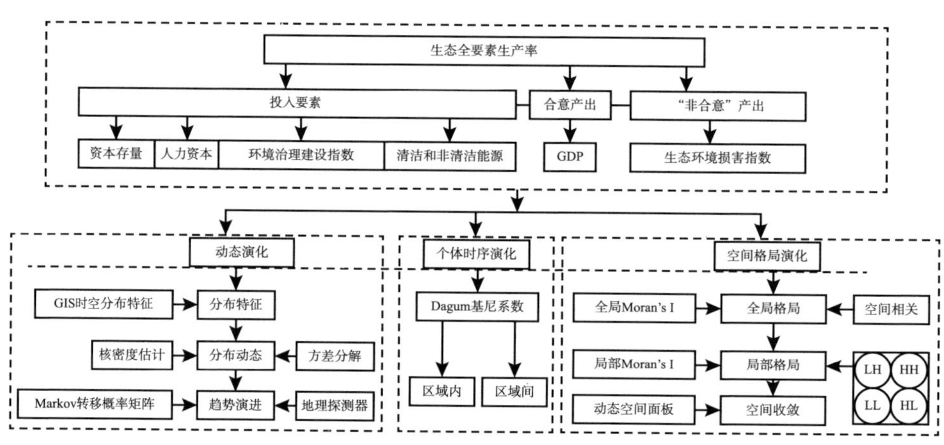

图 1-2　生态全要素生产率时空演化

（三）基于区域异质性的生态全要素生产率提升路径研究

构建包括动力机制、激励机制、约束机制和保障机制的提升路径模型（见图 1-3），引入 GMM 估计和工具变量等分析工具，厘清不同区域生态全要素生产率提升中"政府—企业—公众""经济—环境—资源"之间相互联系、相互作用、相互制约的机能，洞察"市场—要素—产权"等中介变量在生态全要素生产率提升中的效能；通过计量模型，检验不同区域不同机制的作用效果，检验不同政策工具和规划手段在不同区域的实施效果、触发条件和作用方式，为生态全要素生产率提升路径选择提供差异化的理论与实证支持。

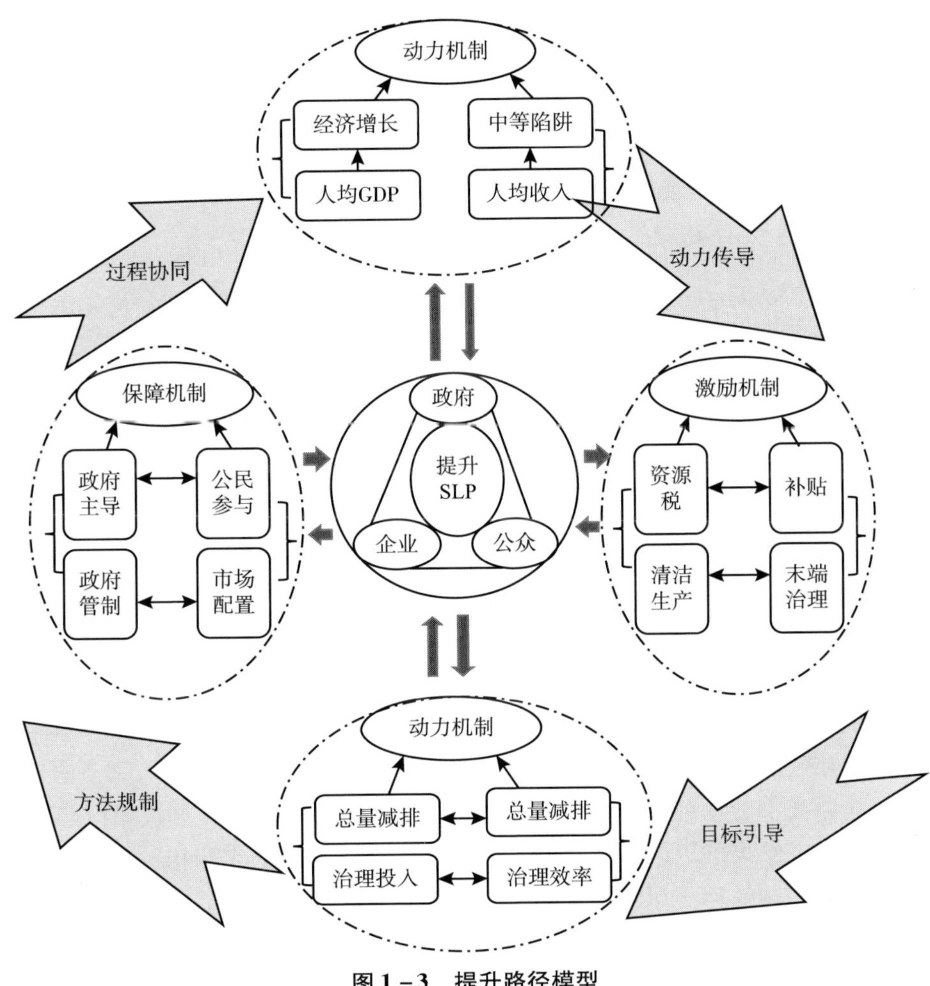

图1-3 提升路径模型

（四）中国生态全要素生产率提升的优化方案设计

根据理论研究和实证分析结果，在环境约束、资源束缚，经济进入新常态背景下，研究如何提高不同区域生态全要素生产率水平，及如何缩小区域差距，基于空间异质性，从“国家—区域”两个层面制订提升方案，系统化地提出提升路径，丰富执行机制，建立区域性决策支撑体系。

第三节 研究方法

一、研究方法

（一）历史分析法

历史分析法是运用发展、变化的观点分析客观事物发展和社会现象演变的方法。本研究首先梳理经济发展、效率理论研究脉络，对其发展历程进行回顾，查阅各个时期的相关文献，把历史演进过程进行总结、抽象，并用经济学的观点，构建将经济发展、效率改善、要素投入、资源与环境约束同时纳入经济增长的研究框架。

（二）归纳演绎法

演绎法和归纳法是规范性研究的两种主要方法。演绎法是将科学理论与研究过程、结果相结合，从普遍结论或一般性事理中总结、推导出具有个体特征的研究结论；归纳法是通过梳理、整理、总结等方法，从诸多个别的事例或结果中归纳出具有普遍性质的共有特性，从而得出普适性结论。两者的思路相反，但又相互联系，相辅相成。本研究中多次运用到归纳法和演绎法，构建绿色发展机制模型，从各因素间的多重联系中抽象出典型化事实并加以经验分析，并把实证结果加以归纳，并与欠发达地区经济发展的实际相结合，演绎中国绿色发展的特殊性规律，构建政策支撑体系。

（三）计量分析法

计量经济学是以必要的科学理论为指导，在收集、整理大量统计资料的基础上，运用数学、统计学方法，通过建立经济计量模型，定量分析不同研究对象之间关系的方法论总称。本研究的实证分析部分采用计量经济学分析方法，借助 Stata、MaxDEA 等计量分析软件，在环境质量评价、效率测度、效率变动分解、发展机制检验等环节，开展计量分析研究。

（四）系统工程分析方法

绿色发展是一项系统工程，在研究过程中，采用系统能力分析，构建理论模型、优化发展机制、政策系统决策检验、政策系统性分析评价等系统工程的方法对绿色发展机制进行系统研究。引入强可持续发展理论，从资源、环境福利非减性发展诉求出发，对绿色发展机制的现实条件进行多目标的系统规划求解。

二、技术路线

本研究基于多学科、多理论、多方法的综合研究策略，运用经济学、管理学、社会学、统计学等学科的基本理论知识，按照“寻找理论依据→刻画现实条件→剖析深层原因→构建提升模型→厘清提升脉络→检验政策工具→提出解决方案”的范式展开研究。具体技术路线见图1-4。

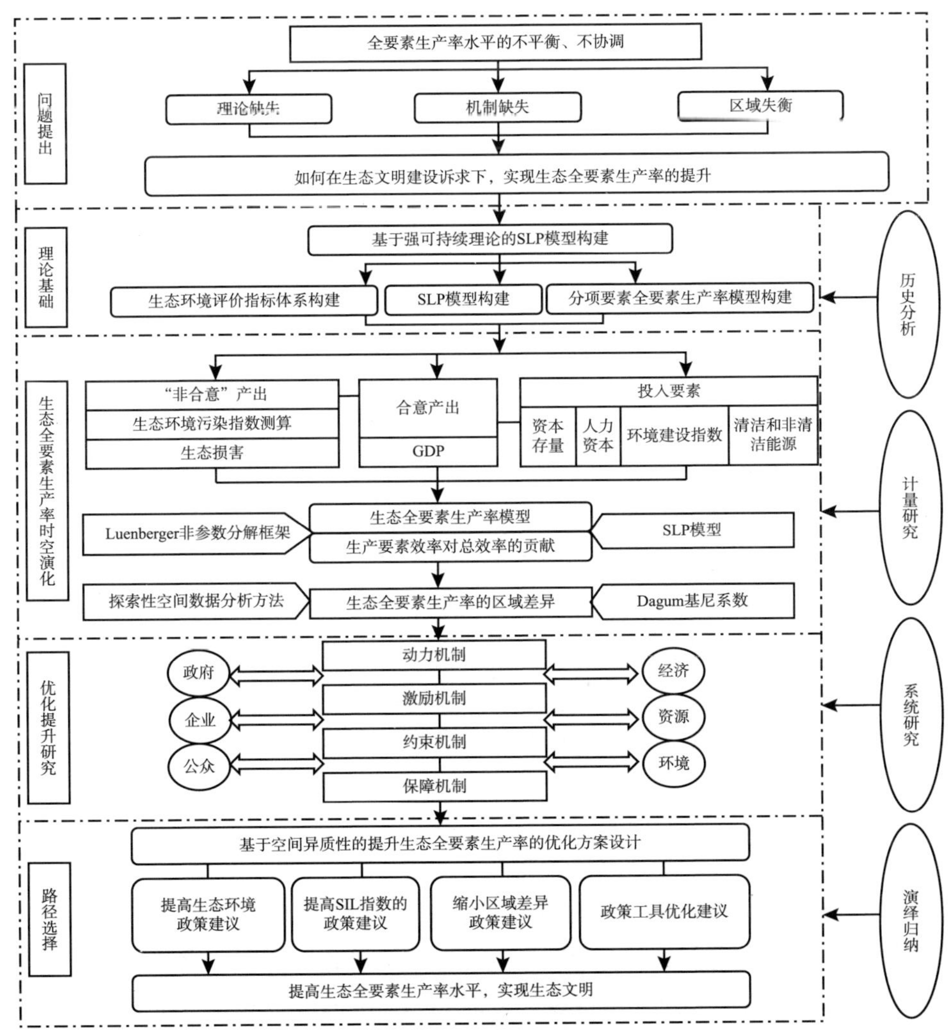

图1-4　研究思路

第四节 拟解决的关键问题及创新之处

一、拟解决的关键问题

（1）如何将强可持续理论引入生态环境评价，继而将生态环境纳入全要素生产率的研究框架，创构研究新范式。强可持续理论是本研究的立足点，它要求在消耗自然资本的同时维护、扩展自然资本。本研究将生态环境质量分为环境损害和环境建设两个维度，将能源投入分为清洁能源和非清洁能源，按不同形式引入生态全要素生产率的测度与提升路径模型，建立强可持续的全要素生产率研究新范式。

（2）如何全方位、立体式测度中国生态全要素生产率的水平以及不同省份的时空差异。本研究将生态环境质量纳入全要素生产率的研究框架，构建SLP生产率指标，准确刻画总体绩效与分项要素绩效之间的内在逻辑关系，从时间和空间、过程和效果双维度测度中国不同省份生态全要素生产率的发展水平，应用探索性空间统计分析技术勾勒生态全要素生产率时空演变的区域差异，为厘清提升路径，优化提升方案提供现实依据。

（3）如何基于生态全要素生产率提升路径的理论与经验解析，制定不同地区提升生态全要素生产率的优化方案。在“温饱”和“环保”的双重压力下，如何提升生态全要素生产率，缩小区域差距，是本研究的关键和重点，也是本研究的落脚点。通过构建包含动力机制、激励机制、约束机制、保障机制的提升路径模型，厘清提升脉络，把握关键环节，检验不同政策工具和规划手段的实施效果、触发条件和作用方式，为优化解决方案提供理论和实证依据，在此基础上，系统化地提出提升路径的优化解决方案。

二、创新之处

（1）将生态全要素生产率同时置于强可持续理论和区域差异双重视角下进行聚焦审视，构建全要素生产率研究新范式和理论新框架。将强可持理论的生态环境总量和资源总量非减性发展同时纳入全要素生产率研究框架，推动全要素生产率由绿色向生态演进，以区域差异现实条件为主线，强调消耗自然资本的同时维护、扩展自然资本，打通资源、环境的双向演进通道，为全要素生产率研究探索新视角，提供理论范式借鉴。

（2）构建 SLP 生态全要素生产率模型，完善全要素生产率的计算方法；运用探索性空间统计分析技术勾勒区域差异的时空演变，丰富全要素生产率的研究内容。SLP 生态全要素生产率指标既能通过引入时间因子、反映长时期技术不退步的特征，也能通过赋予分项要素不同缩减比例、识别分项要素的总松弛量，实现要素绩效评价与生态全要素生产率评价的有机统一；运用探索性空间统计分析技术，在充分考虑政策可能带来阶段性特征的基础上，重点揭示中国生态全要素生产率的要素源泉、时空规律、分布模式和演化特征。

（3）厘清各区域生态全要素生产率的提升路径，检验政策工具和规划手段在不同区域的实施效果、触发条件和作用方式，丰富提升方案执行工具和手段体系。基于公共选择、外部性、市场失灵、委托—代理等理论，构建提升路径模型，推演不同政策工具的驱动、激励、约束、保障作用的机理，实证检验不同政策工具和规划手段在不同区域的实施效果、触发条件和作用方式，提出政策工具的转化条件，为科学、合理地制定不同区域的提升路径，提供理论和实践依据。

第二章 文献综述

自索洛提出全要素生产率分析框架以来，作为传统投入要素之外驱动经济增长的重要引擎，全要素生产率成为衡量不同地区技术进步效率和经济发展绩效的重要指标。随着能源损耗和环境污染问题的不断加剧，可持续发展观念深入人心，近年来学者们逐步将能源和环境因素纳入全要素生产率的研究框架，推动全要素生产率从传统向绿色生态的演变。本研究通过收集并学习相关文献，整理出具有代表性的研究，从理论综述、实证研究两方面，按照时间顺序将诸多学者的观点、结论和研究方法做一梳理和介绍。

第一节 理论综述

一、可持续发展理论

可持续发展理论可追溯到20世纪60年代出现的人类社会对经济发展与环境损害的反思活动。第二次世界大战后，各国经济飞速发展的同时，能源短缺、石油危机以及全球变暖、生态退化等环境事件频频发生。在城市化进程加速、人口猛增、资源短缺、生态恶化等因素所形成的环境压力下，人们逐渐对将环境割裂开来谋求发展的经济增长模式产生怀疑。源于这种危机感，人类开始对过去的发展道路进行反思。最著名的当属海洋生态学家雷切尔·卡森（Rachel L. Carson），这位具有生态整体主义思想和自然使命感的学者1962年发表了《寂静的春天》（*Silent Spring*），她通过对杀虫剂使用的调查揭示了滥用杀虫剂的危害，这种危害包括破坏环境和损害人类健康，她在书中激烈抨击了美国依靠科学技术来征服、统治自然的方式，以及通过损害环境换取发展的模式和价值观念（蒋德权等，2015）。她的研究大大唤醒了人们的环境意识，并对美国的政府决策、国会立法和社会发展产生了重大影响。《只有一个地球》是一份非官方的文件，该报告是联合国人类环境会议秘书长斯特朗（M. Strong）委托英国经济学家沃德（B. Ward）和美国微生物学家 R. 杜博斯（R. Dubos）为 1972 年联合国斯德哥尔摩人类环境会议所写，该报告从整个地球的发展前景出发，从社会、经济和政治的不同角度，评述经济发展和环境污染对不同国家产生的影响。

1968 年成立的罗马俱乐部（The Club of Rome），是一个非正式的国际协会，它由来自世界各地不同各国的科学家、经济学家等组成。其主要目标是研究和探索涉及人类社会共同面临的经济社会和环境等问题，进而提出应对的新理念新视角，并推进新制度和新政策的制定与实施。1972 年，罗马俱乐部中以麻省理工学院 D. L. 梅多斯（Dennis L. Meadows）为首的研究小组推出了一本研究报告《增长的极限》（*Limits to Growth*），该报告对长期以来主导西方国家经济社会发展的高增长理论进行了深刻和系统性的学术反思，提出了在经济持续增长的同时，应当考虑人口的扩张、资源的损害和环境的破坏之间的相关关系；并进一步提出，长期以来人口增长、粮食生产、工业发展、资源消耗和环境污染这 5 项经济发展的基本因素呈现指数级增长的运行方式，如果这种指数级增长的运行方式没有发生改变，那么 21 世纪环境恶化和粮食短缺问题就会将经济增长拖垮，因而为了避免对自然极限的掠夺性开发而导致经济社会崩溃，就要限制增长的速度。由此可见，虽然该报告所得出的研究结论有一定的时代局限性和理论缺陷，但是其中所强调的"合理、持久和均衡发展"对于研究经济增长与资源环境关系具有重大的意义，形成了生态文明理论的核心理念。

英国经济学家 B. 沃德（B. Ward，1997）和美国微生物学家 R. 杜博斯（1997）发表《只有一个地球》的报告，该报告主要研究了全球的环境问题，从社会、经济和政治等不同维度，分别研究了全球不同国家经济发展、生态环境污染的现状及原因。这份报告认为如果不能立刻开始进行环境保护，那么"人类将直接从摇篮进入坟墓"。1972 年 6 月 5 日联合国在瑞典首都斯德哥尔摩召开人类环境会议，来自 113 个国家的政府代表研讨了全球环境问题和环境保护战略等，发表了《联合国人类环境会议宣言》。该宣言要求，各国拥有开发本国资源的权利，但同时有责任确保在本国范围内的各种发展行为不会对其他国家的环境造成损害。

1987 年，世界环境与发展委员会（WCED）推出了研究报告《我们共同的未来》（*Our Common Future*），其中将可持续发展定义为"既能满足当代人的需要，又不对后代人满足其需要的能力构成危害的发展”。由此明确了可持续发展的一个重要观点，经济的发展应该是有限度的。随后众多学者投入到可持续发展的研究中。蒂坦伯格（Tietenberg，1988）支持 WCED 关于可持续发展的观点，并进一步强调，公平性才是可持续发展的核心所在。当代人在发展经济时，应当保证后一代在利用环境资源时所实现的经济福利不少于当代，由此，人类社会经济福利得以维持，经济实现可持续发展。爱德华·巴比尔（Edward B. Barrier，1989）在著作《经济、自然资源：不足和发展》（*Economy，Natural Resources：Deficiencies and Development*）中将可持续发展定义为“在保持自然资源的质量和其所提供服务的前提下，使经济发展的净利益增加到最大限度”，其观点本质上强调，在保证人类长期生存的基础上实现的经济发展才是可持续发展。尼科拉斯（Nicholas Georgescu-Roegen，1995）依据热力学原理提出，世界人口爆发式增长态势、经济发展的巨大规模已难以保证人类的长期生存，为此需降低人口增长速度、缩小经济规模，使其控制在一定范围内；针对当下资源短缺、环境污染的严峻形势，可以通过开发可再生资源、研发污染防治技术来缓解。

威廉森和米林顿（Willams and Millington，2010）指出，人类需求与地球供应能力之间存在着不匹配的情况，即环境悖论。为克服这种不匹配，要么减少需求，要么提高地球的供应能力，又或是找到一种折中的方式来解决无限需求与有限供给之间的矛盾（张晓玲，2018），即可持续发展进程，这一进程大致可分为“弱可持续发展”和“强可持续发展”两种范式。

弱可持续发展理论强调自然资本与人造资本之间具有完全替代性。弱可持续发展理论以索洛－哈特维克（Solow-Hartwick）的研究为基础，根据哈特维克准则，只要保持净储蓄或净投资不小于零，经济发展就是可持续的，即只要资本存量的总价值（自然资本与人造资本之和）保持不变或增加，它们所产生的利益种类就不会有差异（Fredriksson and Neumayer，2014）。根据弱可持续发展理论中自然资本与人造资本之间的完全替代性，只需保证资本存量的总价值不减少，就无须考虑生态极限。因此，“自然资本”是作为一种可被人类随意剥夺的“资源”而存在，只需用等量价值的人造资本对其进行替代，就能够维持经济的可持续发展，这种以“人”为中心的发展理念在经济生产中可以用多种途径实现，因而获得大多数人的支持。但事实上，在弱可持续发展理念的指导下，经济的高速增长是以严重的生态退化作为代价，经济发展带来的是生态环境的不可持续性，环境的不可持续性又进一步阻碍了经济的高质量发展。

强可持续发展理论认为自然资本与人造资本不可完全替代，尤其强调关键资本的不可替代性。皮尔斯（1989）提出强可持续发展理论，指出自然资本和人造资本之间并不具备完全替代性，尤其是那些能实现重要环境功能的关键自然资本更是不可替代的，若对关键自然资本的使用超过其再生能力，环境功能将受到永久损害（秦书生和胡楠，2017）。在此基础上，皮尔斯提出环境福利非减性发展诉求，认为人类在配置资源时也要注重对自然资源、生态环境的保护；提倡“代际公平”，呼吁人类在经济生产中使需求获得满足的同时，也要考虑后一代人经济福利非减性。

关于自然资本与人造资本之间的不完全替代性，主要可以从两方面理解。其一是自然资本除了为人类活动提供经济资源，还具有维持自然生态平衡的环境功能，如环境自净等生态环境系统的自我调节机制等，一旦实现重要环境功能的关键自然资本遭到破坏，便无法像人造资本那样能够通过回收的方式得到扭转。其二是自然资本本身就是生产人造资本的原材料，两者之间的这种相互依赖关系也决定着自然资本无法被人造资本全面替代。德瓦尔（Devall，1990）支持皮尔斯的强可持续发展理念，认为“自然”不必在任何时候都对人类的需求有益，并且人类并不具有剥削“自然”的固有权利。2003 年，为解决欧盟国家环境持续恶化问题，欧洲委员会基于强可持续发展理论，构造了一个能够识别关键自然资本的理论框架——关键自然资本与强可持续性标准（CRITINC），旨在应用强可持续性标准保护关键自然资本存量。CRITINC 将环境的可持续性定义为：维持重要的环境功能，进而维持自然资本实现这些功能的能力。该定义对强可持续发展理论下的环境福利非减性发展诉求做出更具体的诠释。2012 年 6 月，联合国在巴西里约热内卢召开“里约 +20”全球可持续发展大会。该会议指出经济社会的可持续发展与资源环境的持续改善之间密切联系不可割裂，推进经济发展方式的绿色转型对于调整经济结构和实现可持续发展等具有重要意义。绿色经济作为实现可持续发展的重要手段，进一步革新了传统的褐色经济增长范式，形成了经济社会发展与环境福利提升的绿色经济发展方式——强可持续发展理论。其中指出在经济发展中应当将空气、水、土壤和矿产等自然资源作为关键资本（诸大建，2012），在实现经济持续增长的同时，必须控制其对关键自然资本的损耗要在有效承载力范围之内。

2015 年 9 月，联合国可持续发展峰会通过了《改变我们的世界——2030 年可持续发展议程》，指出传统的“经济、环境、社会”三维可持续发展模式将被“人本、地球、繁荣、和平与伙伴关系”五位一体的可持续发展模式所取代，这也是该次峰会的重要创新。2015 年 11 月 30 日，第 21 届联合国气候变化大会在巴黎举行，大会最终通过了《巴黎协定》。该协定进一步强调了强可持续发展理念，在保持经济发展的同时，必须消减全球碳排放，将全球气候治理确定为绿色低碳发展，从过去依赖石化能源的经济发展模式向去碳化的低碳绿色经济发展模式转变。鲍恩（Bowen，2018）的研究表明，美国由“褐色经济”向“绿色经济”转型已经提供了19.4%的工作机会，他认为如果从战略高度做好生态文明和绿色产业转型的管理，绿色经济可以为经济的增长提供巨大的潜力。

综上，可持续发展理论的核心内涵在于，经济发展是经济、资源、环境的协调发展，在追求经济效益的同时，也要兼顾环境本身的经济性。而针对可持续发展理论的两种范式而言，弱可持续发展理论与强可持续发展理论的本质区别在于自然资本与人造资本之间是否能够完全替代。弱可持续发展理论认为人造资本可以完全取缔自然资本，其试图实现经济增长与资源、环境脱钩的目标，由此虽然带来较高的经济增长，却以严重的生态退化作为代价。强可持续性理论主张地球上主要自然资源（如能源、自然生态环境）的非减性发展，强调人类社会的经济发展必须尊重现有自然的极限，认为生态文明在提高生产效率的同时，要将社会投资从传统自然消耗产业转向自然维护、扩展产业（诸大建和刘淑妍，2012）。强可持续性理论摒弃了传统“褐色经济”发展模式，转而追求主要自然资本非退化的经济发展模式。强可持续发展认为自然资本与社会资本之间并没有可替代性，自然资本由于其特殊性是根本不能和人力资本、社会资本等相互转化，因而强可持续发展是不可替代的范式（Neumayer，2003）。

二、经济增长理论

经济增长理论的发展演进大致可以分为三个阶段：古典经济增长理论、新古典经济增长理论以及新经济增长理论。

古典经济增长理论的主要代表人物是亚当·斯密、托马斯·马尔萨斯和大卫·李嘉图（Adam Smith，Thomas Malthus and David Ricardo）。1776年，亚当·斯密在著作《国富论》中指出，一国的经济发展水平可以用人均收入来衡量。而如何实现人均收入的提高，他指出，一是要实现劳动率的提高，而劳动率的提高可以依靠分工来实现，分工能提升劳动工作者的劳动技巧和熟练程度，从而推动产出效率的提高。亚当·斯密充分强调了分工对经济增长的重要作用。二是实现劳动力的增加，而劳动力数量最终还是决定于资本积累程度，因此又强调了物质资本积累对经济增长的重要推动作用。土地要素在短时期内基本保持稳定，被视为固定变量，故在亚当·斯密的财富增长理论中，劳动要素和资本要素是国民财富增长的核心要素源泉所在。托马斯·马尔萨斯（1798）根据人口发展规律提出，人口增殖能力远远超过土地产出能力，在没有限制的条件下人口以几何倍数增长的发展规律终将会受限于相对稀缺的生产资料，当人口数量增长到经济产出无法支撑的程度，人口增长停滞，经济增长也出现停滞。大卫·李嘉图（1817）将经济增长过程视同为利益变动转移过程，他基于利益分割变化视角提出，合理的收入分配制度是实现国民财富增长的关键。大卫·李嘉图支持亚当·斯密关于“资本积累对经济增长起到重要推动作用”的观点，并在此基础上提出，物质资本积累的决定性因素是利润，利润的多少决定着资本积累的程度和速度，而利润则是收入扣除成本价格（地租）后的余额。从长期来看收入是稳定不变的，地租却会不断上涨，因为随着人口增长，土地将会变得越来越稀缺，供小于求的情况下价格越来越昂贵。随着土地边际收益递减，利润终会下降，当利润下降为零，资本积累不再增加，经济增长停滞。从思想演进上看，古典经济增长理论发展时期各位经济学家均延续了亚当·斯密关于财富增长路径的观点，强调人口、资本、劳动要素对经济增长的决定性作用，后期马尔萨斯、李嘉图基于资源的有限性进一步提出经济增长的制约条件，无疑更贴近经济增长的客观事实，但古典经济增长理论自始至终没有对经济的长期增长做出解释。

新古典经济增长理论发展时期的主要代表人物包括罗伊·福布斯·哈罗德、埃弗赛·多马以及罗伯特·索洛（Roy Forbes Harold，Eversie Domar and Robert Solow）。1948 年，在罗伊·福布斯·哈罗德提出哈罗德模型后，埃弗赛·多马也提出一个与其相似的模型，故人们一并将两位学者的研究成果合称为哈罗德—多马模型。模型认为，资本的不断形成是经济持续增长的决定因素。基于凯恩斯的储蓄—投资关系理论，模型提出，在长期动态分析框架下，经济增长率等于储蓄率与资本产出比的比值，经济增长率会随着储蓄率增加而提高，随着资本产出比的增大而下降。因此，只有依赖于储蓄、投资的提升，才能实现经济的长期增长。1956 年，罗伯特·索洛提出索洛模型，强调技术进步是经济长期增长的核心源泉。储蓄率水平与经济增长率正相关，而人口增长与经济增长率呈现负相关。在规模收益不变的条件下，资本劳动比决定人均收入，当资本劳动比提高，人均收入提高。根据要素边际效益递减规律，随着投资增加，资本边际收益率下降。因此，当达到均衡状态时人均收入就不再增长，经济增长处于停滞状态。而外生技术进步的引入使经济长期增长问题得以解决，在技术进步的作用下，生产水平提高，产出效率的提升可以抵消资本边际效益递减效应，从而保证人均收入在长期内处于持续增长状态。

古典经济增长理论和新古典经济增长理论都将物质资本积累看作是经济增长的重要动力（徐建伟，2015），但新古典经济增长理论进一步强调，技术进步才是促进经济增长的关键因素。新古典经济学家在古典经济增长理论的基础上引入外生技术进步，试图在长期、动态的视角下对经济增长做出解释，但因将技术进步看作是外生给定的，最终也未能解释经济长期增长的真实来源。

随后，经济学家逐步将技术、人力资本、知识等影响因素内生化到生产函数中，试图改善新古典经济增长理论中的外生性问题，从而形成了“新经济增长理论”。新经济增长理论发展时期的主要代表人物有肯尼斯·J. 阿罗、保罗·罗默和罗伯特·卢卡斯（Kenneth J. Arrow，Paul Romer and Robert Lucas）等。肯尼斯·J. 阿罗（1962）提出“干中学”模型，把人们获得知识的过程内化于生产模型，推导出规模收益递增的生产函数，并指出技术来源于知识的学习，而知识通过行动中的经验积累而获得。模型用累积总投资来表征人力资本，随着物质资本的积累，“干中学”促使人力资本水平提高（陈蕾，2011），继而产生技术进步，实现生产率的提高。在这种效应的扩散作用下，所有生产商的生产率都得到提高，从而推动全社会实现经济增长。通过“边干边学”效应，技术进步的内生化成为可能。保罗·罗默（1986）在著作《收益递增经济增长模型》中提出“知识外溢长期增长模式”的内生经济增长模型，将知识视为一个独立的生产要素，并赋予其完全内生化的解释。保罗·罗默认为，知识的进步不仅体现在劳动熟练程度上，还体现在新设备等物质产品的技术创新上。知识的溢出效应会提高知识存量积累，进一步提升人力资本生产效率；与此同时，知识将会转换成更具技术竞争力的新产品，从而直接提高产品产出效率。以上两种方式使得经济具备持续增长的能力。模型特别强调了知识作为独立生产要素的重要意义及其对经济增长的主导作用。此后，罗伯特·卢卡斯（1988）提出“人力资本外在性增长模式”的内生经济增长模型，模型认为人力资本是体现在劳动者身上可用于生产或服务的所有智力、技能、知识的总和。人力资本投资效应以两种不同形式影响生产过程，一是对劳动者本身生产效率的提升（劳动者熟练程度）；二是在人力资本投资的扩散效应中，知识、技术水平的传递，使产出效率得到普遍提高，从而实现产业规模收益递增、经济持续增长。卢卡斯指出，人力资本的增值情况决定了产业的产出规模，人力资本增值越大，经济产出越大。这是经济增长理论发展历程中经济学家首次将人力资本视为经济增长的基础，并承认了人力资本积累是经济增长和产业发展的源泉。道格拉斯·诺斯（Douglass C. North，1992）在著作《经济史上的结构与变革》（*Structure and Change in Economic History*）中提出，除技术创新外，制度创新、制度变迁也对经济增长起着决定性的作用。诺斯认为，虽然知识与技术可以增大社会福利，推动经济增长，但知识与技术的发展速度最终还是由制度所保证。因此，制度保障对经济增长也起到关键影响作用。新经济增长理论实现了知识、技术、人力资本、制度等要素的内生化，强调经济增长并非来源于外部力量，而是内部要素源泉的产物。

20 世纪后期，世界各国工业化进程加快，经济发展对能源的依赖越来越大。随着能源消耗日愈增加，环境污染问题也日趋严重。经济学家们开始将资源、环境与经济增长联系起来，在内生经济增长模型的框架下，研究资源环境约束下的经济增长问题。至此，新经济增长理论的发展又进入了一个新阶段。

三、全要素生产率理论

生产率理论起源于古典经济学时期，亚当·斯密、大卫·李嘉图、萨伊等经济学家都强调了劳动、土地、资本要素对经济增长的主导作用，认为投入要素增加、生产率提高是经济增长的核心源泉所在。其中所提及的“生产率”反映了单一生产要素与产出之间的效率关系。单要素生产率考察了单一投入要素所带来的产出结果，但却无法反映生产效率的全部变化。此外，若用单要素生产率来反映生产效率，生产过程中投入要素之间的相互替代会使得效率测算结果发生扭曲。而全要素生产率（Total Factor Productivity，TFP）是指生产系统中所有投入要素的综合生产率，反映了资源（包括全部投入）开发利用的效率。产出是生产过程中所有投入要素共同作用下的结果，因此相较于单要素生产率，全要素生产率能够全面、客观地刻画所有投入要素与产出之间的效率关系。

随着新古典经济增长理论的发展，全要素生产率逐渐完成基本框架的构建。丁伯根（Timberger，1942）基于 C-D 生产函数，添加了一个时间趋势来表示效率水平，提出多要素生产率，从此开创了全要素生产率理论的研究时代。索洛（1956）发表著作《技术变化与总和生产函数》（*Technical Progress and Aggregate Production Function*），正式提出索洛经济增长模型。模型在“中性技术变化”的先决条件下，假定经济只存在劳动、资本两种生产要素且两种要素可以互相替代，并设定资本为随意变动量。模型将总产出中无法用劳动和资本增长解释的部分称为“索洛余值”，即全要素生产率。丹尼森（Denison，

1962）拓展了“索洛余值”的测算方法，将纳入生产框架中的投入要素进一步细化，将劳动投入细分为劳动力质量、劳动时间等，并对这些细分后的投入进行赋权，根据各自权重加总而得到总投入，从而测算出更为精准的全要素生产率。乔根森（Jorgenson，1973）等提出超越对数形式的生产率计算模型，进一步提高了效率估算的精准度。丹尼森和乔根森的效率测算方法是“索洛余值法”的延续，核心思想均是在“中性技术变化”的假设条件下，根据产出增长、投入要素增长来推算生产率增长。即通过生产函数的构建，将产出生产率扣除要素投入增长率之后的“余值”——全要素生产率增长归因为技术进步的结果。

此后经济学家们关于全要素生产率的研究主要集中在全要素生产率的测度方法上。传统的生产率测算方法假定技术是充分有效的，而法瑞尔（Farrell，1957）等提出，并非所有生产者的生产都能达到生产前沿面，大部分生产者的技术与最优技术水平还存在一定差距。因此，传统生产率测算方法中“技术充分有效”的假设可能会导致测算结果与实际生产情况、经济增长实情不符。随后有学者提出生产前沿面分析法，该方法摒弃了所有生产者“技术充分有效”的假设，允许“技术无效率”的存在，以投入或产出的最优技术来构造生产前沿面，在生产者实际值与前沿面最优值的比较之下得到全要素生产率。根据生产前沿面的不同构造方法，前沿面分析又可分为参数模型分析法和非参数模型分析法。1977 年，艾格纳（Aigner，1977）利用随机前沿生产函数测度全要素生产率，使得全要素生产率参数前沿分析法从理论研究转向应用。非参数模型中最具代表性的方法是数据包络分析法（Data Envelopment Analysis，DEA），由查恩斯和库珀（Charnes and Cooper，1979）通过对法瑞尔多投入、单产出的生产前沿模型的拓展而提出。由于无须对生产函数和误差项进行设定，DEA 模型受到众多学者的广泛使用。在全要素生产率的动态研究上，被广泛使用的是 1994 年罗尔夫·费雷、格罗斯科普夫和诺里斯（Rolf Fare，Grosskopf and Norris，1994）等在 Shephard 距离函数的基础上建立的 Malmquist 指数，该指数反映了决策单元在不同时期全要素生产率的变化情况。

作为反映经济发展投入产出效果的综合性指标，全要素生产率是分析经济增长源泉的重要工具，也是政府制定科技发展政策、经济可持续发展政策的重要依据。然而，传统的全要素生产率并未考虑经济增长所带来的能源消耗和非市场性的坏产出——环境污染，由此可能会造成社会经济绩效评价的扭曲，从而对政府宏观经济政策的制定形成误导（Hailu and Veeman，2000）。

随着资源消耗和环境污染问题的日益突出，将能源环境因素纳入全要素生产率的评价体系逐渐成为研究热点（陈诗一，2009；王兵，2010；吴传清和董旭，2015；尹向飞和欧阳峣，2019）。将能源作为投入变量与物质资本、劳动一起纳入生产函数，学者们并无异议，但对于用单一指标、多个单一指标或综合指标所代表的环境污染的处理则存在差异。

第一，将环境污染等非期望产出作为投入变量进行测算全要素生产率并进行分解。其基本原理认为企业或其他经济组织通过对自然环境的消耗可以在其他投入要素不变的情况下增加产出，但是超过环境自然吸收的污染会降低环境质量，从而带来负的外部性。污染排放对于经济增长的作用有两方面：一是环境可以发挥其作为社会资本的作用，对增长的影响为正；二是环境资本过于损耗而导致总的社会资本下降，这时的影响则是负面的。如果实施环境治理，那么节能降耗或减排也会占用原本用于生产“好”产出的社会资本投入，因而会相应降低“好”产出的数量（陈诗一，2009）。因此，将“坏”产出作为可自由处置的投入变量，可视为不同承载力条件下的约束，尽管其压缩了环境污染这一非合意产出，但无法反映生产过程的实质（冯杰和张世秋，2017）。

第二，数据转换函数法，即利用一个合适的转换向量使非期望产出变为正值，从而解决了引入环境因素的效率评价问题（张明亲和张腾月，2013）。将非期望产出进行数据处理，以满足不同约束条件对“坏”产出的要求，污染数据处理方法主要可分为负值法、线性转换和非线性转换法。负值法是将环境污染数据作为负值处理。蔡晓春（2010）在研究 1998 ~ 2007 年中国全要素能源效率时，将各省污染指标工业废气排放总量进行变换处理，取其负数后经过数据变换增加一个足够大的正常量使其变成正数，再纳入常规的框架。曾贤刚（2011）对 2000 ~ 2008 年中国环境效率的研究中，利用线性数据转换函数将环境污染物进行转化，然后将其作为“好”产出放入 DEA 模型之中。樊华（2012）在能源效率的研究中，将环境污染指标取倒数作为非合意产出纳入 DEA 模型。董锋（2012）将熵值法应用于“工业六废”指标，计算出环境污染指数，并取倒数作为“坏”产出。对环境污染做数据变换处理的方法，较好地解决了非期望产出存在的效率评价问题，但数据转化实际上会减少“坏”产出（Färe，2004），且加入了一个很强的凸性约束使其只能在规模报酬可变（VRS）条件下求解效率。

第三，将环境污染作为弱可处置性变量与经济产出同时引入生产过程，又可分为径向法、非径向法和混合距离法。径向法基于径向、角度的方向性距离函数，要求所有投入或产出同比例扩张或缩减（吴军，2009；杨文举，2011；陈超凡，2016；Christina B and George H，2018），但其方向性距离函数的选取具有一定的主观性，且无法覆盖非径向的松弛变量；非径向法（SBM）将松弛性变量引入方向性距离函数，去除了要素投入同比例扩张或缩减的假设（Tone，2001；Fukuyama，Weber，2009；王兵，2013；刘帅，2019），但该方法损失了投入或产出目标值与实际值之间的比例关系（李兰冰和刘秉镰，2014）。针对以上问题，Tone（2010）提出了兼容径向与非径向特点的混合距离模型（EBM）（范建平等，2017；李政大等，2017；白俊红和聂亮，2018）。但上述方法均不能避免技术在长期内大规模倒退的反常现象，也无法识别分项生产要素的绩效表现和对总体绩效的贡献程度（李兰冰和刘秉镰，2015）。

四、生态文明理论

生态文明从狭义内涵来看，大致可归纳为将生态文明视为生态和谐的价值观和社会发展的生态圈。和谐的价值观的观点认为生态文明是绿色价值观（秦书生，2017），不能单纯地把生态文明理解为节能减排、保护环境，以及围绕上述目标形成的一系列措施。生态文明的实质及内涵在于人与自然友好相处的方式，保证资源得到合理利用，生态损害与生态补偿均衡，经济、社会发展适度（蒋南平，2013），其价值目标是使人民群众获得生态幸福。推进生态文明应将加快推进生产方式和生活方式的绿色化作为着力点，构建促进生态文明的制度保障体系。王海芹和高世楫（2016）认为可以从三个特征来理解生态文明：生态文明兼顾经济发展、社会发展和资源环境承载力，目的是实现绿色富国、绿色惠民，体现了生态文明协调性的特征；生态文明内涵包括资源能源节约与高效利用、环境污染治理、生态修复、循环经济、清洁生产、国土空间规划等诸多领域，体现了生态文明的系统性特征；目前全球共同面临气候危机和环境危机，与每个国家密切相关，需全球共同努力，体现了生态文明的全球性特征。

狭义理解的另一种观点是将生态文明视为社会发展的生态圈，认为生态文明在解释人类与环境的关系的基础上，又融入了更多的经济、社会、文化等因素，形成了人、自然、社会的复合系统。生态文明与绿色资产、绿色福利是一个整体的概念，生态文明是主题，绿色资产是基础和载体，绿色福利是归宿（黄志斌，2015），相互联系，相辅相成。黄茂兴和叶琪（2017）认为生态文明体现了人与自然关系的动态性和全面性，人与环境的和谐共融会推动生产力的巨大飞跃，说明了人与环境之间广阔的空间联系着和广泛的载体，验证了以人为本在人与环境关系中的根本地位，总结了人与环境关系的自然规律和约束机制。也有学者将生态文明定义为经济系统、社会系统和生态系统的统一体，经济系统追求绿色增长，社会系统强调绿色公平，生态系统注重绿色永续，生态文明是三者的有机结合和整体创新结果（袁倩，2017）。杜莉和周津宇（2018）从强可持续的角度分析，认为生态文明是以提高人类福祉作为终极目标，所以，应引入对人类福祉和社会公平的考量；而生产发展、生活富裕和生态良好则仅仅是其外在体现。生态文明体现了环境范畴的社会公平性，公平与效率的改善离不开生态文明。

生态文明从广义内涵来看，不仅是一种人与自然和谐共生的状态，更是一种发展方式。生态文明要尽可能充分吸收和运用生态文明的思想、理念、技术和方法，将生态文明作为社会发展的目标和方向，打造超越以往任何文明的新文明形态（吕福新，2013）。胡鞍钢（2013）将生态文明视为第二代可持续发展观，是一种更具有包容性的发展观。生态文明作为协调经济增长与资源环境之间关系的新型发展方式，是发展价值的转变，从“黑色发展”到“生态文明”的价值转变是人与自然之间的统一关系在发展方式上的体现（张乾元和苏俐晖，2016）。史丹（2018）认为生态文明从源头上破解资源环境瓶颈约束，是提高发展质量、形成人与自然和谐发展的发展方式必由之路，是未来中国经济社会文化发展的方向。邓文钱（2017）从供给侧结构性改革来审视生态文明，认为生态文明是推进供给侧结构性改革的内在要求、重要内容、重要目标和检验标尺。李曦辉（2019）将生态文明置于新常态背景来分析，认为生态文明的动力来源于区域经济增长的非均衡性，克服发展方式与发展理念的约束，实现经济与生态环境协调的发展方式。还有学者认为生态文明是科技、资本、文化和制度共同支撑下的发展路径，要充分认识四个支撑点的性质和特点，只有促进它们互相融合、有机结合才能共同推动可持续发展（郑海友和蒋锦洪，2016）。李梦欣和任保平（2019）从微观和宏观两个层面诠释生态文明，他们认为生态文明在微观层面表现在对已有生产消费等行为模式的约束及其衍生的生态危机治理；从宏观层面体现为全社会生产、交换、分配、消费过程系统化和规范化的约束。许宪春（2019）从大数据视角对生态文明进行分析，他把生态文明视为经济、社会、环境三者协调的结果，认为正是大数据在资源整合、科学决策、环境监管等方面的作用推动生态文明，对于产业转型升级、需求结构优化、经济提质增效等有着独特效果。

因而，广义维度的生态文明是包括环境、资源、经济、社会要素的生产函数，以质量为目标，以绿色为基础，以转型为主线的多目标的发展方式。

第二节 实证研究

一、生态环境质量综合评价研究

生态环境现状是由自然条件背景、人类开发活动和环境管理共同作用下形成的结果（叶亚平和刘鲁君，2000）。其发展涉及环境污染、生态治理等各个方面，具有一定的涵盖性和系统性，故生态环境综合评价也必须充分考虑所涉及的相关要素。

构建评价体系对生态环境进行综合评价有狭义和广义两个角度。狭义主要是围绕对生态环境能够产生直接影响的因素构建评价体系。王永瑜（2011）从气候、水环境、植被、土地、污染负荷等五个要素层选取相应指标构建生态环境质量评价体系。袁晓玲等（2013）采用“纵横向拉开档次”评价方法，从空气、水、废弃物、垃圾、噪声、土壤六个方面构建环境质量综合评价体系，对全国各省（区、市）2003～2013 年的环境质量进行动态综合评价。赵卫权等（2016）结合生态资产、社会资产两个层面建立综合评价指标体系，对贵阳市 1990～2013 年生态文明建设水平进行综合评价。罗荣彬等（2018）从林地、草地、耕地、水域、未利用地、土壤水分含量六个层面构建生态环境评价体系，对黄果树风景区环境质量进行评价。

广义主要围绕包括直接因素和间接因素在内的，能够对生态环境产生影响的各种因素来构建评价体系。成金华（2015）从国土空间优化布局、资源能源节约集约利用、生态环境保护、生态文明建设四方面构建生态文明评价指标体系。吴小节和彭韵妍等（2016）构建了包括区域生态经济文明、生态社会文明、生态环境文明、生态文化文明和生态制度文明在内的五个子系统，分别选取多个指标全面准确地刻画省市区域的生态文明建设综合水平。王晓君、吴敬学和蒋和平（2017）基于 PSR 框架，建立生态环境质量压力、生态环境质量状态和生态环境质量人文响应三个子系统，选取人口自然增长率、畜禽养殖规模、农业源 COD 排放量、农户人均收入、绿色农产业产品产量等指标，构建中国农村生态环境质量评价指标体系。周雪娇和杨琳（2018）从生态环境压力、生态环境响应、生态环境建设三方面构建生态环境评价体系。束加稳和杨文培（2019）将生态环境质量分为自然、经济、社会三个子系统，进而分别从生态资产、生态环境质量、环境治理、经济水平等多个要素层面选取指标因子构建生态环境质量评价指标体系。

二、全要素生产率测度研究

自索洛剩余（1957）被定义为全要素生产率以来，全要素生产率的评价指标和测算方法研究一直备受关注（Färe et al.，1994；Fleisher et al.，2010；陈诗一等，2010；李兰冰，2015）。诸多学者基于索洛模型，对全要素生产率的测度方法进行更深入地拓展和研究。随着研究的不断深入，学者们基于现代数学方法，提出一些新的全要素生产率估算方法。

有学者采用增长核算方法估算1949～2012年澳大利亚农业产业的全要素生产率（Sheng Y et al.，2017）。研究结果表明，澳大利亚农业全要素生产率增长迅速；通过对产出和投入增长模式的分析，发现全要素生产率的增长主要源于强劲的产出扩张和适度的投入增长。有学者采用DEA-Malmquist指数模型对中国建筑行业全要素生产率进行测度（Chen Y，Liu B and Shen Y，2017），并从空间相关性、收敛性分析了全要素生产率在不同区域的变化趋势。结果显示，区域全要素生产率存在明显的空间相关性和异质性，没有形成相对稳定的空间格局。有学者在非参数框架下，构建Luenberger-Hicks-Moorsteen指数模型，对1960～2004年美国各州农业全要素生产率进行测算，并进一步将指标分解为技术进步变动，技术效率变动以及规模效率变动（Ang F and Kerstens P J，2017）。研究结果表明，全要素生产率在考察期间内大幅增加，增长主要来源于产出增长而并非投入的减少。有学者基于数据包络分析法研究2007～2013年越南煤炭开采业全要素生产率及其效率变化（Phuong V H，2018）。研究结果显示，越南煤炭开采业全要素生产率持续下降，主要原因是技术进步缓慢、技术效率未实现明显改善。有学者基于替代弹性恒定的CES生产函数，对新西兰全要素生产率进行了总体及分行业估算（Steenkamp and Daan，2018）。结果表明，1996年以来新西兰的全要素生产率总增长量估计每年低于1%，总体及分行业中的技术进步是全要素生产率增长的主要来源。

国内学者多采用DEA-Malmquist指数模型对全要素生产率进行测度。孙畅（2017）利用2004～2015年长江经济带的不同省份间数据，通过DEA-Malmquist生产率指数法综合测算了不同省份服务业的全要素生产率。研究发现，长江经济带服务业全要素生产率整体呈下降趋势，区域差异性特征显著，但其也呈现出长期收敛趋势。杨浩和张灵（2018）、邵明伟等（2018）也都采用 Malmquist 指数法对全要素生产率进行测度。吴书胜（2018）利用 2003 ~ 2014 年的 273 个城市数据通过 Meta Frontier-EBM-Malmquist 指数模型和基尼系数模型来动态测度中国全要素生产率及其空间分布特征。研究表明，东部和西部地区的城市整体全要素生产率呈现持续上升趋势，且存在显著的空间非均衡性。

21 世纪以来，资源过度消耗、环境污染问题逐渐成为社会关注点。众多学者开始将能源、环境因素纳入全要素生产率的研究框架，考察资源环境约束下全要素生产率的动态演进。大家一致将能源作为一种投入变量纳入模型，而环境污染是生产过程中的“坏产出”，将环境因素纳入全要素生产率研究框架的过程中，以尽可能缩小投入、扩大产出为效率评价思想的传统 DEA 模型已无法解决“好产出”和“坏产出”的联合生产问题。对此，学者们基于传统 DEA 模型，对测算方法进行改进。对于环境要素的处理，目前主要有三种方法。一是将环境污染（坏产出）作为一种投入变量纳入模型，陈诗一（2011）、刘瑞翔（2013）均在全要素生产率模型中将环境污染视为一种未支付的要素投入引入投入要素中，该方法的明显缺陷在于，模型对“环境污染”的处理方式与实际生产过程并不相符。二是数据转换函数法，将环境污染由“坏产出”转化为“好产出”，继而将其作为期望产出纳入传统 DEA 模型中，有学者通过选取转换向量，将负的“坏产出”转化为正数，从而解决了引入环境因素的效率评价问题（Seiford and Zhu，2002）。随后，曾贤刚（2011）通过数据转换法对坏产出进行处理。三是将环境污染视为一种非期望产出。吴军（2009）、王兵等（2008）、杨俊和邵汉华（2009）、田银华和贺胜兵等（2011）、李静和沈伟（2012）、陈菁泉等（2016）均将环境污染视作“非合意产出”来测算环境约束下的全要素生产率变动。

有学者基于 SBM 模型下的 Malmquist 指数对 2003 ~ 2013 年中国环境规制效率进行研究（Tang D，2017），研究结果表明，环境规制效率在中国具有明显的“聚集”效应，并与经济发展水平之间存在显著的“匹配”效应，通过指数分解发现，技术进步指数对环境规制效率的贡献最大。卢丽文、宋德勇和黄璨（2017）利用 Malmquist-Luenberger 指数测度了在 2003 ~ 2013 年间长江经济带 108 个城市的绿色全要素生产率后发现长江经济带中各城市绿色全要素生产率的长期增长主要源于规模效率和技术进步的协同提升作用。冯杰、张世秋（2017）基于 SBM 模型对 2005 ~ 2013 年中国绿色全要素生产率的时空差异进行研究。结果显示，虽然从整体上看中国绿色全要素生产率有所提升，但是绿色全要素生产率的省际差异却越来越大，呈现出从东部沿海地区到西部地区逐步递减的空间分布。有学者将二氧化碳排放量作为非期望产出纳入全要素生产率研究框架（Christina B and George H，2018），运用 Malmquist-Luenberger 指数模型对 1993 ~ 2015 年欧盟 28 国的全要素生产率进行测度及分解，研究结果表明，大部分国家经济总体绩效的提升主要来自技术进步；此外，技术创新及其扩散作用使各国经济增长对环境的负效应降低。有学者采用 Meta-frontier DEA 模型分析法，研究 2000 ~ 2015 年中国金属行业绿色全要素生产率的变动（Feng C，2018）。研究结果表明，中国金属行业绿色全要素生产率持续增长，技术进步是主要的驱动因素；但因规模效率和纯技术效率出现下降，绿色全要素生产率增长呈现放缓趋势。刘战豫和孙夏令（2018）运用 Malmquist 指数结合 Super-SBM 方向性距离函数对 2004 ~ 2014 年中国物流业绿色全要素生产率进行测度后发现，2004 ~ 2014 年，物流业的绿色全要素生产率经历了从下降到波动，最后实现复苏的 3 个阶段的动态演化，每一个阶段的演化动因各不相同，存在物流需求驱动、政策驱动及市场技术驱动等三种驱动模式。徐小鹰（2019）采用 SBM 方向距离函数和 Luenberger 指数对 2000 ~ 2016 年中国三大区域在资源环境约束下的经济增长的效率进行动态测算，发现东部主要由于非期望产出的无效率，中部地区则主要由于非期望产出、劳动投入和资源投入的无效率，西部地区受到以上因素影响外，还存在较强的期望产出无效率的影响。

三、全要素生产率的时空演化研究

目前，有关全要素生产率区域差异的研究中，采用变异系数和泰尔指数对全要素生产率空间差异程度进行测度（吴传清、董旭，2015；周小亮、吴武林，2018）成为主流。但变异系数和泰尔指数均由于未考虑子群分布，忽略了组内交叉重叠，导致无法识别组间差距对总体差距的贡献（Dagum，1997），而 Dagum 基尼系数能有效解决样本数据组内交叉重叠问题，进而识别区域差距的具体来源，目前该方法还未广泛应用于全要素生产率研究中，更多应用在经济增长差异、金融发展差异、生产性服务业差异和绿色发展绩效差异等领域（梁红艳，2018；高赢，2019；刘帅，2019）。

随着空间计量经济学的发展，近年来学者们在全要素生产率的空间收敛上进行了尝试和探索，运用 Moran's I 指数对全要素生产率进行空间相关性研究（余泳泽，2015；谭政和王学义，2016；李文华，2019）；运用空间误差模型对 2004 ~ 2016 年中国 TFP 进行俱乐部收敛检验后，得出东部、中部、西部存在俱乐部收敛现象，但收敛速度和收敛效应存在差异（刘帅，2019）；运用空间滞后动态面板和空间误差动态面板模型对 1979～2012 年 TFP 进行收敛估计，得出区域之间的全要素生产率具有明显的俱乐部收敛且空间外溢效应为正的特征（余泳泽，2015）；运用静态空间杜宾面板模型对省级绿色 TFP 进行空间收敛性估计后，得出省级区域存在明显增强的空间溢出效应（任阳军，2019）；运用空间杜宾动态面板模型对 2002～2014 年绿色 TFP 的进行收敛估计，得出省际绿色全要素生产率呈现 β 条件收敛趋势（王裕瑾和于伟，2016）。

四、全要素生产率的提升路径研究

目前对于全要素生产率影响因素的实证研究，主要集中于外部影响因素方面，现有研究表明经济发展水平、对外开放程度、技术创新、要素禀赋、产业结构、能源结构、政府干预程度、环境规制、城镇化率、城乡收入差距、产业聚集、人口聚集等因素均对全要素生产率产生影响。

从国外研究来看，一是认为政府在全要素生产率中的作用十分重要。政府可以通过制定财政、税收政策、治理政策来推动全要素生产率。有学者采用一般均衡理论分析西班牙绿色环境税的实施效果（Markandya，2013），研究表明，如果考虑由影子经济产生的扭曲，可以找到一个实现环境税的双重路径。有学者基于马来西亚 350 个房地产开发商的调查研究，论证了绿色税收对房地产行业全要素生产率的影响（Onuoha，2018），研究表明绿色税收激励对绿色商业地产供应和投资的影响最为显著。有学者研究了政府与制造商在不同环境政策下的博弈过程（Gao，2018），研究结果表明，政府制定产品绿色标准，并给予制造商补贴是最优解。有学者认为政府的治理的作用是建立合法的社会机制、绿色社会、生态和经济系统的基础，做好绿色制度供给（Puppim and Balaban，2013）。有学者分析政府的监管政策和网络政策对环境创新的单一和联合影响，研究显示这两种政策工具具有互补作用，全要素生产率的环境管制政策的有效性可以通过将它们与适当的创新政策相结合而产生新的效果（Fabrizi，2018）。有学者以孟加拉国和印度作为研究对象，研究了 1980～2012 年、1977～2012 年汇款与全要素生产率之间的关系（Kumar R R and Stauvermann P J，2018）。结果表明，汇款额对两国全要素生产率增长均存在阈值效应，孟加拉国汇款额与全要素生产率呈“U”型关系，而印度汇款额与全要素生产率呈倒“U”型关系。

二是认为行业资源禀赋作用不容忽视。有学者认为地理条件、自然资源禀赋、环境柔化等对一个地区的全要素生产率产生影响（Gouvea，2013）。有研究显示，电力禀赋是推动全要素生产率的有效手段，大多数消费者转向绿色电力很可能会与最便宜的传统电力供应商进行比较，在许多情况下，绿色电力比传统电力更具有成为全要素生产率竞争力的可能（MacDonald，2018）。有学者认为绿色基础设施作为一种具有成本效益的手段，是推进全要素生产率的有效方式，然而，高交易成本、多中心决策机构是绿色基础设施的障碍，机构间的协调问题可能导致绿色基础设施的次优投资（Mekala and Hatton，2018）。

三是从社会公众角度看待全要素生产率，有学者引入德尔菲和模糊逻辑模型，分析了环境教育通过社区居民的中介变量，对全要素生产率产生直接、持久的影响和效用过程（Hsueh，2013）。有学者以韩国生态工业园（EIP）为案例，韩国的经验表明，只有通过对公民培训使其积极参与，才能保证全要素生产率的成功（Chen，2014）。有学者研究了人在推动全要素生产率中的作用，认为绿色变革型领导对绿色组织认同有正向影响，从而促进组织中绿色创造力的提升。此外，资源承诺在绿色组织认同与绿色创造力的关系中起着调节作用。因此，每个国家必须增加他们的资源承诺，以促进他们的员工之间的绿色创造力（Mittal and Dhar，2016）。

从国内研究来看，赵领娣（2016）利用中国 1997 ~2013 年数据，分析人力资本、产业结构调整及其交互对于全要素生产率的作用方向与影响力度，结果显示，产业结构高级化与合理化均存在提升全要素生产率增长的趋势，但人力资本水平与产业结构高级化和合理化之间的交互作用交互项对提升全要素生产率的显著性不强。岳书敬等（2015）通过研究集聚现象对全要素生产率的作用机制后发现，城市全要素生产率会随着集聚由弱变强而呈现出先增长后下降的趋势，而提高市场化水平有利于城市全要素生产率的改善，也可以减弱集聚对全要素生产率的边际递减效应。李华旭等（2017）对长江经济带沿江地区全要素生产率指数的研究表明，经济因素、第二产业所占比重对全要素生产率水平的影响并不显著，技术创新能力、城镇化率、政府规制因素对全要素生产率水平产生显著的正向影响。赵爽和李春艳（2017）基于 DEA 模型对中国服务业全要素生产率进行测算，在此基础上研究城市化与服务业全要素生产率之间的关系，结果表明，城市化水平的提升对服务业全要素生产率产生显著的正向影响。王兵（2017）的研究表明，环境效应是导致地区全要素生产率差异性的主要原因，经济发展水平、结构因素和对外开放等是重要影响因素。他认为全要素生产率要想取得新突破，应着重提升环境效应，在技术进步的驱动模式下，加强效率改善。邹璇（2019）研究发现，环境分权对区域的全要素生产率产生积极影响，地方环境保护部门环境管理权力较大时，地方财政自主权的提高带来区域全要素生产率水平的下降。他认为全要素生产率应在统筹考虑地方财政的基础上，建立差异化的环境管理体制。张少辉和余泳泽（2019）采用随机前沿分析方法（SFA）对2004～2013年中国230个地级及以上城市的全要素生产率进行测度，并进一步研究在城市全要素生产率提升路径中政府土地出让收入上涨的作用机制，研究发现，地方政府土地出让收入的扩张易形成土地资源配置的扭曲效应，进而对全要素生产率产生负向影响。

第三节 文献述评

综合梳理以上文献，发现国内外学者在对全要素生产率的定性、定量研究中都取得了高水平的成果。理论研究方面，大部分学者主要对全要素生产率与经济增长之间的关系进行研究；实证研究方面，多半是采用非参数前沿分析法对全要素生产率进行测度。在全要素生产率向纳入能源、环境约束的生态全要素生产率演进的过程中，多数学者选取单个、或多个单一指标作为环境污染变量纳入全要素生产率研究框架。故现有研究中还存在四点缺陷。一是生态环境质量综合评价中，强可持续发展理论尚未得到充分体现，生态环境质量动态评价缺乏整体性视角，狭义上侧重于选取污染排放指标，广义上均将生态环境质量等同于可持续发展水平，生态环境评价的综合性、特殊性和全面性还有待提高。二是全要素生产率的研究框架尚未构建起从“要素绩效—总体绩效—要素贡献度”逐层递进的研究范式，定量评价要素生产率对生态全要素生产率变动的贡献率，进而揭示和解释生态全要素生产率的增长源泉和动态演化。三是现有文献中全还未充分重视区域差距的演进趋势，进而识别区域差距对地区差异的贡献来源；从空间视角研究全要素生产率的演化有待完善，针对性识别地区全要素生产率的动态空间收敛机制还缺乏系统性研究。四是全要素生产率的提升路径研究中，外生变量对全要素生产率的影响机制还未建立系统性的研究框架，且并未进一步深入探索生态全要素生产率增长的作用机制。

因而，本研究将对现有文献做四方面拓展。一是基于强可持续发展理论，通过生态环境损害和生态环境建设两个维度来构建系统科学的生态环境质量评价体系，对中国生态损害指数（EPI）、生态建设指数（EMI）和生态质量指数（EQI）进行动态测度，并进一步对其的分布动态进行刻画，剖析中国生态环境质量空间差异的演化趋势，探究质量型生态文明建设的内在动力。二是提出一种时间因子非径向投入导向的生态全要素生产率指标，以投入目标值与实际值的比率表示要素的全要素生产率，将生产要素的序列方向性距离函数与生态全要素生产率指标相结合，构建要素绩效与总体绩效之间“分—总”的研究范式，从生产要素的视角对总体绩效进行系统性分解，进而实现要素绩效对总体绩效的贡献度评价，并在充分考虑中国区域经济发展平衡性，从要素绩效和总体绩效两个层面对生态全要素生产率增长进行系统性揭示。三是动态识别生态全要素生产率增长的时空演变，剖析生态全要素生产率增长的区域差异、要素源泉与动态演化规律，进而为不同区域推动生态文明建设，实现经济高质量发展提供路径支持。四是构建面板数据模型，对不同机制下中国生态全要素生产率的提升路径进行全景式揭示和解释，为资源环境约束下的生态全要素生产率提升和优化提供路径支持。

第三章　中国生态环境质量综合评价

改革开放以来，中国经济在速度与数量上的成就举世瞩目，但与此同时，由于资源利用效率低、污染排放量大且强度高所导致的生态环境恶化、经济发展呈现“高能耗、高污染、高排放”特征的情况却改变甚微。究其原因是受到弱可持续理念的影响，弱可持续认为，只要经济发展能够抵消环境和社会损失，就是可持续的，这意味着可以不考虑生态极限，只需保证社会总财富不减少，由此虽然带来较高的经济增长，但却以严重的生态退化作为代价。因此，基于强可持续的自然资本局部可替代性和关键自然资本不可替代性逐渐被人们接受，正融入政策发展的主流。党的十八大将生态文明纳入社会主义现代化建设的总体布局，党的十九大将推进构建高质量生态环境、牢固树立社会主义生态文明观、推动形成人与自然和谐发展的现代化建设新格局作为实现高质量发展的重要路径，党的十九届四中全会又进一步指出生态文明建设是关系中华民族永续发展的千年大计，必须践行绿水青山就是金山银山的理念，坚持节约资源和保护环境的基本国策，就是对强可持续理论的具体实践。

生态环境对生态文明建设的贯彻落实至关重要，粗放式的经济增长模式加大了自然生态系统压力，且发展水平差异也导致区域间资源利用效率的分化。当前不同区域间环境建设滞后、生态空间破碎化、生态掠夺效应和环境承载力空间溢出效应等问题日益加剧，如何从强可持续理念出发，构建系统科学的生态环境质量动态评价体系，客观认识中国生态环境质量的变动趋势，进一步揭示和解释不同区域间生态环境质量的时空演化和空间收敛规律，进而为推动各区域生态环境质量协同提升提供路径支持，就成为现阶段完善生态文明制度体系亟待研究和解决的核心问题之一。

第一节　指标体系构建及数据来源

强可持续发展理论认为关键自然资本不能与其他形式的资本相替代，强调经济增长中环境福利的非减性变化，要求在损害生态环境的同时还要不断加大环境建设能力，保证环境福利的非减性（杨万平和赵金凯，2018）。生态环境质量是环境系统客观存在的一种本质属性，是环境系统所处状态的整体性表述，与人类健康生存、人类发展改善的价值性需求密切相关。生态环境质量不仅与人类活动所产生的污染排放相关，还和生态修复、环境保护等投入密切关联，这才能充分体现生态文明建设的现实意义。基于此，为了提高生态环境质量测度的科学性、有效性和准确性，本研究根据党的十九大报告和十九届四中全会中对于生态文明体制改革的具体要求，从"推进绿色发展、着力解决突出环境问题、加大生态系统保护力度和改革生态环境监管体制"等四项具体要求对生态环境质量演化和提升进行剖析归纳，构建一个涵盖生态环境损害和生态环境建设两个维度的生态环境质量评价指标体系，从生态环境损害和生态环境建设两个层面来分析生态环境质量提升的双向作用原理，体现当前质量型生态文明建设的内在驱动力。

构建生态环境质量动态评价子维度体系的重点之一在于能够反映生态文明建设作为强可持续发展理念的现实性价值。在生态环境损害的维度中，应坚持以"着力解决突出环境问题"为主要目标进行具体的指标选择，将工业生态损害、农业生态损害、生活生态损害、噪声与碳排放结合起来体现社会经济活动中全方位的生态环境损害，强调生态环境评价的环境质量底线约束作用，突出其资源环境承载力和国土空间开发适宜性的底线约束条件。在生态环境建设的维度中，应坚持以"推进绿色发展，加大生态系统保护力度和改革生态环境监管体制"为主要目标进行具体的指标选择，将生态空间建设、工业污染建设、生活污染建设与噪声治理结合起来体现生态文明建设中改善生态福利的现实需求，以及经济社会可持续发展对生态文明建设的客观要求，凸显生态环境评价的环境治理效能，进而为优化生态安全屏障体系和提升生态环境系统的质量和稳定性提供条件（见表3-1）。基于此，本研究界定了生态环境质量动态评价是包含生态环境损害指数（EPI）、生态环境建设指数（EMI）与生态环境质量指数（EQI）的综合评价体系。

表3-1　中国生态环境质量评价体系

评价维度	子维度	指标名称	单位	属性
生态环境损害	工业生态损害	工业废水排放量	万吨	负向
		工业废气排放量	亿立方米	负向
		工业烟粉尘排放量	万吨	负向

续表

评价维度	子维度	指标名称	单位	属性
生态环境损害	工业生态损害	二氧化硫排放量	万吨	负向
		工业固体废弃物产生量	万吨	负向
		工业危险废物产生量	万吨	负向
		工业氮氧化物排放量	万吨	负向
		化学需氧量	万吨	负向
		氨氮排放量	万吨	负向
	生活生态损害	生活垃圾清运量	万吨	负向
		生活废水排放量	万吨	负向
	碳排放	二氧化碳排放量	亿吨	负向
	农业生态损害	化肥施用量	万吨	负向
		农药使用量	万吨	负向
	噪声	区域环境噪声监测等效等级	分贝	负向
生态环境建设	生态空间建设	人均绿地面积	平方米	正向
		主要城市平均相对湿度	%	正向
		年均降水量	毫米	正向
		城市建成区绿化覆盖率	%	正向
		区域自然保护区占比	%	正向
		每万人造林面积	公顷	正向
		水土流失治理面积占比	%	正向
		人均水资源量	立方米	正向
		每万人耕地总量	亩	正向
	工业污染建设	工业用水排放达标率	%	正向
		工业粉尘排放达标率	%	正向
		工业固体废弃物处置率	%	正向
		危险固体废弃物综合利用率	%	正向
		烟尘控制区建成面积占比	%	正向
		高污染禁燃区面积占比	%	正向
	生活污染建设	生活垃圾无害化处理率	%	正向
		城市生活污水处理率	%	正向
	噪声	噪声达标区面积占比	%	正向

资料来源：笔者自制。

进一步对指标选取及指标分类作如下说明。

在生态环境损害指标中，工业废水排放量、工业废气排放量、工业烟粉尘排放量、二氧化硫排放量、工业固体废物产生量、工业危险废物产生量、工业氮氧化物排放量等均为环境污染物，属于负向指标。生活垃圾和生活污水目前国内还未建立全面的回收处理机制，直接处理方式会损害空气、水体和土壤环境，属于负向指标。长期大量使用化肥和农药后，进入土壤中的化肥和农药残留中未被作物吸收利用和未被根层土壤吸收固定的部分，在土壤根层以下积累或转入地下水，成为污染物质，故化肥施用量和农药使用量作为负向指标。

在生态环境建设指标中，绿地能减少大气中的粉尘量，绿地建设能有效净化烟尘和工业粉尘等大气污染物，水体负荷能力与需水量正相关。因此，人均绿地面积、城市建成区绿化覆盖率、区域自然保护区占比、每万人造林面积、水土流失治理面积、人均水资源量和每万人耕地总量等都属于正向指标。排放达标、禁燃禁噪和综合利用能有效反映人类生活方式、生产方式和组织方式在生态环境修复方面的影响，凸显生态文明建设的意义。因此，工业用水排放达标率、工业粉尘排放达标率、工业固体废弃物处置率、烟尘控制区建成面积占比、高污染禁燃区面积占比、生活垃圾无害化处理率、城市生活污水处理率和噪声达标区面积占比都属于正向指标。

本研究选取除我国西藏和港、澳、台地区之外 30 个省（区、市）2000 ~ 2018 年的数据，数据来源于 2001 ~ 2019 年《中国环境统计年鉴》《中国环境年鉴》以及各省历年《环境统计公报》《水资源公报》。其中，二氧化碳排放量指标由于中国并没有正式的官方统计数据，本研究的估算方法是基于 IPCC《国家温室气体排放清单指南》（2006 版），利用能源消费量来计算二氧化碳排放量（袁晓玲和李政大，2013），计算公式如下：

$$C_{it} = \sum E_{ijt} \times \eta_j (i = 1, 2, \cdots, 30; t = 1, 2, \cdots, 17; j = 1, 2, \cdots, 9) \tag{3-1}$$

式（3 - 1）中，C_{it}为 i 省第 t 年的二氧化碳排放总量；E_{ijt}为 i 省第 t 年第 j 种终端能源消费量；η_j 为第 j 种能源的排放系数。根据《中国能源统计年鉴》口径，将最终能源消费种类划分为原煤、焦炭、原油、汽油、煤油、柴油、燃料油、天然气、电力 9 类。各类能源标准煤换算系数、二氧化碳排放系数见表 3 - 2。

表 3-2 能源标准煤转换系数及二氧化碳排放系数

项目	原煤	焦炭	原油	汽油	煤油	柴油	燃料油	天然气	电力
转换系数	0.714	0.971	1.429	1.471	1.471	1.457	1.429	13.300	1.229
排放系数	0.755	0.855	0.585	0.591	0.574	0.591	0.618	0.448	另计算

第二节 生态环境质量评价方法

为了克服现有研究的不足，同时保证评价过程的透明性、可重复性以及评价结果的客观性和动态可比性，本研究首先运用纵横向拉开档次法对基础指标进行赋权，然后运用的定基功效系数法，以 2000 年为基期，对原始数据进行标准化处理，最后运用线性加权法计算出 EPI、EMI 和 EQI。

一、纵横向拉开档次法

本研究在生态环境质量动态评价上采用改进的纵横向拉开档次法。该方法使赋权的信息直接来源于被评价对象的原始数据，可以根据各指标提供的信息量大小来决定相应权重（袁晓玲和李政大，2013），能有效避免主观偏好对评价结果的影响，评价意义直观，各评价对象及各时期之间具备可比性，尤其适应于面板数据。具体的原理如下：

对于时刻 $t_k(k=1, 2, \cdots, N)$，取综合评价 $y_i(t_k) = \sum_{j=1}^{m} \omega_j X_{ij}(t_k)$，$k=1, 2, \cdots, N$，$i=1, 2, \cdots, n$，确定权重系数 $\omega_j(j=1, 2, \cdots, m)$的原则是在时序立体数据表上最大可能体现出各评价对象之间的差异。而 s_1，s_2，$\cdots$，s_n 在时序立体数据表$\{X_{ij}(t_k)\}$上的整体差异，可用 $y_i(t_k)$的总离差平方和来刻画 $\delta^2 = \sum_{k=1}^{N} \sum_{i=1}^{n} [y_i(t_k) - \overline{y^2}]$。

由于对原始数据进行标准化处理，有：

$$\bar{y} = \frac{1}{N}\sum_{k=1}^{n}\left(\frac{1}{n}\sum_{i=1}^{n}\sum_{j=1}^{m}\omega_j x_{ij}(t_k)\right) = 0 \tag{3-2}$$

从而有：

$$\delta^2 = \sum_{k=1}^{N}\sum_{i=1}^{n}[y_i(t_k) - \overline{y^2}] = \sum_{k=1}^{N}\sum_{i=1}^{n}[y_i(t_k)]^2 = \sum_{k=1}^{N}(\omega^T H_{k\omega})$$
$$= \omega^T \sum_{k=1}^{N} H_{k\omega} = \omega^T H\omega \tag{3-3}$$

式（3－3）中，$\omega = (\omega_1, \omega_2, \cdots, \omega_m)^T$；$H = \sum_{k=1}^{N} H_k$ 为 m×n 阶对称矩阵；而 $H_k = A_k^T A_k$，k＝1，2，…，N，且：

$$A_k = \begin{bmatrix} x_{11}(t_k) & \cdots & x_{1m}(t_k) \\ \vdots & \ddots & \vdots \\ x_{n1}(t_k) & \cdots & x_{nm}(t_k) \end{bmatrix},\ k=1,2,\cdots,N \tag{3-4}$$

可证明如下结论。

（1）若限定 $\omega^T\omega = 1$，当取 ω 为矩阵 H 的最大特征值 $\lambda_{max}(H)$ 所对应特征向量时，δ^2 取最大值，且有 $\omega^T H\omega = \lambda_{max}(H)$。

（2）当 $H_k > 0(k=1, 2, \cdots, N)$ 时，在时刻 t_k 处，分别应用横向拉开档次法和纵横向拉开档次法所得到的关于被评价对象 S_i 的排序是相同的。

二、定基功效系数法

为了使生态环境指数跨年度可比，本研究以 2000 年为基期，运用功效系数法对原始数据进行标准化处理，具体公式为：

$$s_{ij}(t_k) = \begin{cases} \dfrac{\max[x_j(t_0)] - x_{ij}(t_k)}{\max[x_j(t_0)] - \min[x_j(t_0)]} & x_j \text{ 为逆向指标} \\ \dfrac{x_{ij}(t_k) - \min[x_j(t_0)]}{\max[x_j(t_0)] - \min[x_j(t_0)]} & x_j \text{ 为正向指标} \end{cases} \tag{3-5}$$

式（3－5）中，$x_{ij}(t_k)$ 和 $s_{ij}(t_k)$ 分别表示第 i 个省份第 j 个指标在第 t_k 年度的原始值和标准化的值，$\max[x_j(t_0)]$ 和 $\min[x_j(t_0)]$ 分别表示所有省份第 j 个指标在基期的最大值与最小值。

线性加权法。综合所求权重系数向量和标准化处理后的指标值，运用线性加权法即可计算出第 i 个省份第 t_k 年的 EPI、EMI 和 EQI，公式为：

$$EPI_i(t_k) = \sum_{j=1}^{m} \omega_{EPI_j} s_{ij}(t_k) \tag{3-6}$$

$$EMI_i(t_k) = \sum_{j=1}^{m} \omega_{EMI_j} s_{ij}(t_k) \tag{3-7}$$

$$EQI_i(t_k) = \sum_{j=1}^{m} \omega_{EQI_j} s_{ij}(t_k) \tag{3-8}$$

第三节 生态环境质量评价分析

总体来看（见图3-1），2000~2018年间EPI整体呈现下降趋势，年均降幅0.95%，环境损害出现缓慢下降，而EMI和EQI整体呈现上升趋势，年均增幅分别为2.79%和0.39%，环境建设不断加强，环境质量出现小幅改善。这说明长期以来中国为推进可持续发展，保护环境、污染治理、低碳发展、绿色经济等措施不断实施，生态文明建设的持续推进出现了现实成效，但新发展理念下更注重生态环境福利的共享和经济转型的绿色化，因而生态环境质量还存在不足。

分区域来看①（见图3-1），2000~2018年，EPI均值由低到高依次为黄

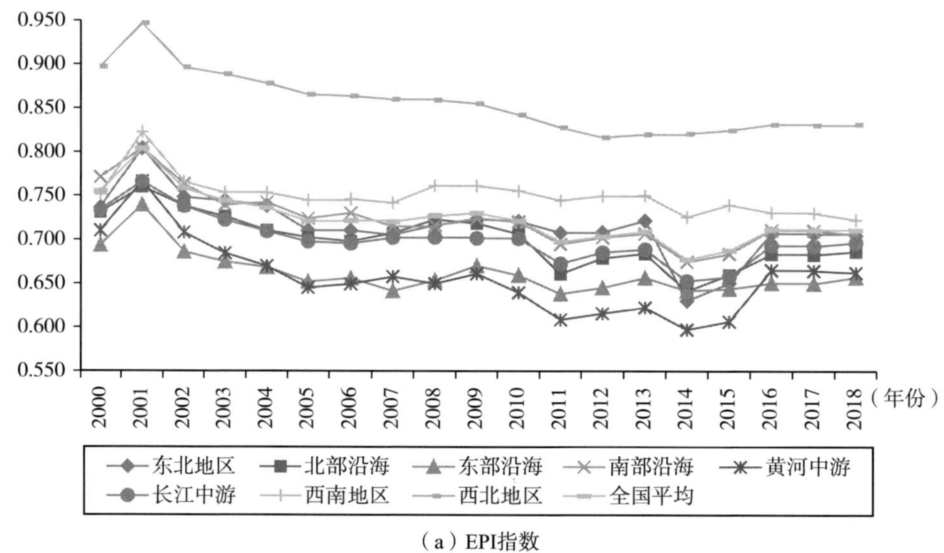

（a）EPI指数

① 按照现有八大区域的划分方法，即东北地区、北部沿海地区、东部沿海地区、南部沿海地区、黄河中游地区、长江中游地区、西南地区和大西北地区。其中，东北地区包括辽宁省、吉林省、黑龙江省；北部沿海地区包括北京市、天津市、河北省、山东省；东部沿海地区包括上海市、江苏省、浙江省；南部沿海地区包括福建省、广东省、海南省；黄河中游地区包括陕西省、山西省、河南省、内蒙古自治区；长江中游地区包括湖北省、湖南省、江西省、安徽省；西南地区包括云南省、贵州省、四川省、重庆市、广西壮族自治区；西北地区包括甘肃省、青海省、宁夏回族自治区、新疆维吾尔自治区。

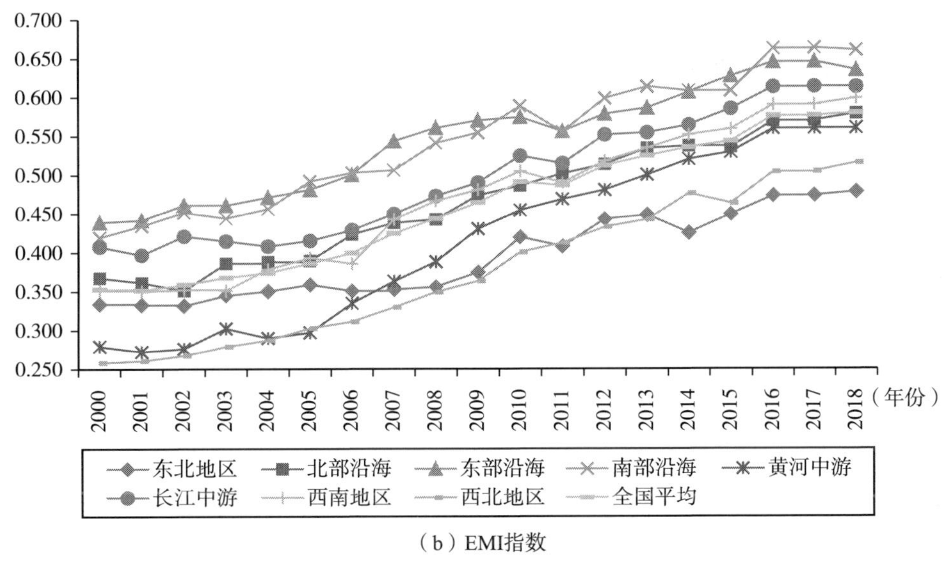

（b）EMI指数

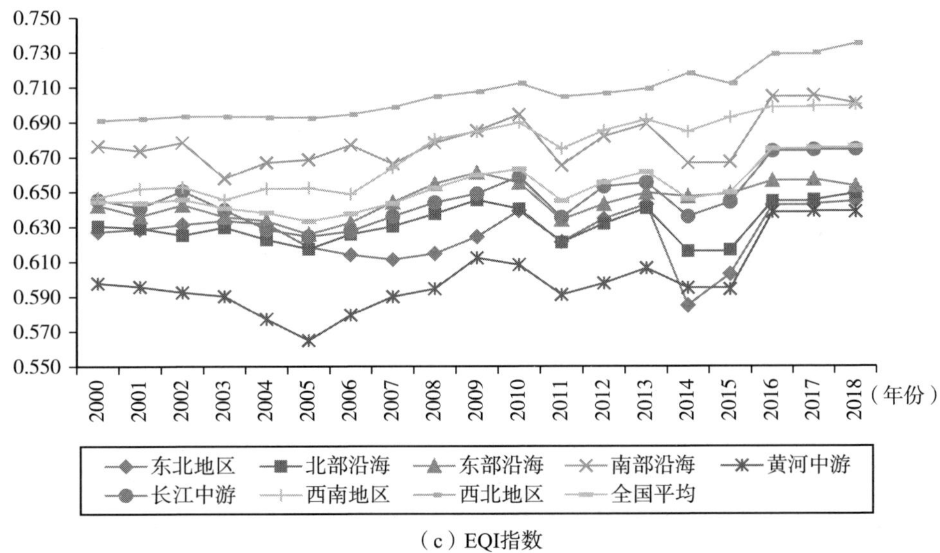

（c）EQI指数

图3-1　全国和八大区域EPI、EMI和EQI指数变化趋势

资料来源：笔者自绘。

河中游、东部沿海、北部沿海、长江中游、东北地区、南部沿海、西南地区和西北地区，黄河中游、东部沿海和北部沿海生态环境损害程度较高，而南部沿海、西南地区和西北地区生态环境损害程度较低；EMI均值由高到低依次为东部沿海、南部沿海、长江中游、西南地区、北部沿海、黄河中游、东北地区和西北地区，东部沿海、南部沿海和长江中游生态环境建设程度较高，而黄河中游、东北地区和西北地区生态环境建设程度较低；EQI 均值由高到低依次为西北地区、南部沿海、西南地区、长江中游、东部沿海、北部沿海、东北地区和黄河中游，西北地区、南部沿海和西南地区的生态环境质量较高，而北部沿海、东北地区和黄河中游的生态环境质量较低。根据生态环境损害、生态环境建设与生态环境质量之间双向作用的动态演进趋势，可以将区域生态环境质量的演进特征分为“低损害—低建设”“高损害—高建设”“低损害—高建设”和“高损害—低建设”。西北和西南地区是典型的“低损害—低建设”区域，北部沿海、东部沿海和长江中游是典型的“高污染—高建设”区域，南部沿海是典型的“低损害—高建设”区域，黄河中游和东北地区是典型的“高损害—低建设”区域。

分省份来看（见表 3－3），2000～2018 年，EPI 均值较低的 5 个省份分别为山东、河南、江苏、广东和河北，较高的 5 个省份分别为青海、北京、海南、宁夏和天津；EMI 均值较高的 5 个省份分别为浙江、海南、江苏、广东和福建，较低的 5 个省份分别为青海、黑龙江、甘肃、内蒙古和新疆；EQI 均值较高的 5 个省份分别为海南、北京、天津、青海和宁夏，较低的 5 个省份分别为河北、山东、河南、广东和江苏。为了更好地对不同省份生态环境指数进行横向比较，可以将区域生态环境质量的演进特征分为“低损害—低建设”“高损害—高建设”“低损害—高建设”和“高损害—低建设”。“低损害—低建设”的代表省份是贵州、云南、甘肃、青海、宁夏和新疆，这类地区位于我国东北和西部地区，工业经济发展相对落后，城镇化水平较低。“低损害—高建设”的代表省份是北京、海南和重庆，这类地区位于我国沿海地区和沿江地区，产业优化升级速度较快，金融业和旅游业相对发达，经济增长的环境代价小，且监管严格，执行有力。“高损害—高建设”的代表省份是江苏、浙江、山东、广东和福建，这类地区位于我国沿海地区，工业体系健全，城镇化水平高，大规模的经济活动造成了较为严重的生态损害，但近年来随着环境建设高标准严要求和大力度的资金支持，已经逐渐实现了经济发展水平对生态环境的由损害到建设的驱动力转向。“高损害—低建设”的代表省份是河北、安徽、山西、内蒙古和河南，这类地区位于我国黄河中游和长江中游地区，自然资源禀赋较强，依赖矿产资源开发和能源输出助推经济发展，但也造成了较为严重的生态退化。

表 3-3　中国各省（区、市）及八大区域 EPI、EMI 和 EQI 指数及其排名

地区	生态环境损害指数 EPI							生态环境建设指数 EMI							生态环境质量指数 EQI						
	2000年	2005年	2009年	2013年	2018年	样本期均值	排名	2000年	2005年	2009年	2013年	2018年	样本期均值	排名	2000年	2005年	2009年	2013年	2018年	样本期均值	排名
北京	0.950	0.906	0.896	0.897	0.905	0.901	29	0.379	0.381	0.481	0.589	0.636	0.481	11	0.728	0.729	0.759	0.798	0.812	0.760	2
天津	0.950	0.874	0.879	0.876	0.888	0.881	26	0.372	0.428	0.405	0.519	0.539	0.446	17	0.728	0.741	0.733	0.768	0.775	0.746	3
河北	0.617	0.536	0.606	0.491	0.515	0.542	5	0.291	0.334	0.455	0.448	0.522	0.400	23	0.526	0.501	0.553	0.474	0.516	0.507	30
山西	0.754	0.658	0.691	0.638	0.707	0.672	10	0.226	0.257	0.398	0.505	0.560	0.382	25	0.572	0.553	0.614	0.611	0.656	0.593	24
内蒙古	0.842	0.676	0.676	0.630	0.670	0.682	11	0.203	0.247	0.365	0.492	0.537	0.362	27	0.616	0.571	0.604	0.616	0.634	0.602	23
辽宁	0.724	0.629	0.655	0.634	0.592	0.636	6	0.375	0.411	0.428	0.477	0.486	0.432	19	0.605	0.584	0.594	0.593	0.561	0.583	25
吉林	0.867	0.772	0.773	0.809	0.778	0.781	20	0.342	0.357	0.360	0.435	0.490	0.391	24	0.666	0.659	0.656	0.688	0.699	0.669	15
黑龙江	0.821	0.731	0.740	0.722	0.745	0.731	15	0.281	0.307	0.336	0.433	0.458	0.349	29	0.615	0.612	0.623	0.647	0.674	0.622	21
上海	0.883	0.789	0.827	0.818	0.813	0.812	25	0.311	0.361	0.482	0.523	0.596	0.447	16	0.659	0.670	0.721	0.732	0.748	0.703	6
江苏	0.587	0.507	0.539	0.507	0.512	0.524	3	0.481	0.511	0.584	0.583	0.590	0.558	3	0.573	0.543	0.581	0.547	0.534	0.559	26
浙江	0.748	0.660	0.644	0.644	0.645	0.652	7	0.533	0.572	0.643	0.651	0.718	0.617	1	0.676	0.665	0.681	0.670	0.677	0.670	14
安徽	0.783	0.720	0.705	0.668	0.674	0.704	13	0.362	0.369	0.486	0.573	0.625	0.480	12	0.643	0.620	0.650	0.650	0.663	0.642	19
福建	0.865	0.758	0.751	0.719	0.717	0.754	16	0.424	0.486	0.532	0.603	0.660	0.525	5	0.696	0.692	0.701	0.706	0.721	0.698	8
江西	0.864	0.759	0.748	0.745	0.752	0.762	18	0.394	0.406	0.536	0.589	0.645	0.511	8	0.689	0.664	0.702	0.702	0.722	0.693	9
山东	0.523	0.493	0.492	0.472	0.437	0.480	1	0.403	0.415	0.554	0.581	0.618	0.512	7	0.535	0.498	0.537	0.521	0.492	0.510	29
河南	0.604	0.483	0.521	0.500	0.551	0.518	2	0.357	0.374	0.473	0.487	0.580	0.448	15	0.536	0.494	0.536	0.517	0.573	0.525	28
湖北	0.714	0.669	0.687	0.669	0.643	0.667	8	0.458	0.475	0.466	0.568	0.605	0.505	9	0.633	0.625	0.624	0.646	0.642	0.628	20
湖南	0.704	0.642	0.665	0.673	0.718	0.671	9	0.373	0.411	0.473	0.487	0.577	0.465	13	0.598	0.589	0.620	0.622	0.671	0.618	22
广东	0.631	0.521	0.522	0.503	0.518	0.525	4	0.399	0.452	0.541	0.603	0.704	0.530	4	0.558	0.526	0.545	0.539	0.569	0.541	27
广西	0.764	0.635	0.681	0.743	0.646	0.692	12	0.437	0.443	0.507	0.550	0.601	0.494	10	0.648	0.610	0.646	0.687	0.651	0.647	17

续表

地区	生态环境损害指数 EPI							生态环境建设指数 EMI							生态环境质量指数 EQI						
	2000年	2005年	2009年	2013年	2018年	样本期均值	排名	2000年	2005年	2009年	2013年	2018年	样本期均值	排名	2000年	2005年	2009年	2013年	2018年	样本期均值	排名
海南	0. 918	0. 893	0. 899	0. 898	0. 883	0. 892	28	0. 481	0. 537	0. 589	0. 633	0. 616	0. 561	2	0. 767	0. 788	0. 809	0. 822	0. 812	0. 794	1
四川	0. 741	0. 680	0. 711	0. 726	0. 761	0. 710	14	0. 364	0. 421	0. 494	0. 482	0. 557	0. 459	14	0. 619	0. 623	0. 659	0. 649	0. 706	0. 644	18
重庆	0. 823	0. 764	0. 775	0. 774	0. 705	0. 764	19	0. 316	0. 407	0. 570	0. 672	0. 699	0. 520	6	0. 638	0. 668	0. 725	0. 760	0. 724	0. 701	7
贵州	0. 891	0. 816	0. 815	0. 760	0. 739	0. 786	21	0. 288	0. 318	0. 396	0. 502	0. 601	0. 413	22	0. 665	0. 672	0. 695	0. 699	0. 730	0. 687	10
云南	0. 895	0. 829	0. 822	0. 748	0. 762	0. 804	23	0. 346	0. 376	0. 436	0. 465	0. 532	0. 419	21	0. 690	0. 688	0. 697	0. 661	0. 689	0. 681	11
陕西	0. 865	0. 765	0. 757	0. 721	0. 721	0. 754	17	0. 304	0. 310	0. 486	0. 515	0. 563	0. 432	18	0. 658	0. 641	0. 694	0. 681	0. 691	0. 671	13
甘肃	0. 919	0. 799	0. 815	0. 805	0. 825	0. 812	24	0. 254	0. 318	0. 321	0. 421	0. 546	0. 358	28	0. 663	0. 671	0. 674	0. 690	0. 740	0. 680	12
青海	0. 988	0. 938	0. 931	0. 892	0. 895	0. 927	30	0. 240	0. 296	0. 342	0. 385	0. 431	0. 338	30	0. 712	0. 724	0. 736	0. 729	0. 742	0. 729	5
宁夏	0. 959	0. 895	0. 879	0. 863	0. 870	0. 890	27	0. 273	0. 308	0. 444	0. 510	0. 570	0. 421	20	0. 710	0. 708	0. 752	0. 759	0. 779	0. 741	4
新疆	0. 920	0. 830	0. 796	0. 719	0. 738	0. 799	22	0. 275	0. 288	0. 347	0. 453	0. 516	0. 362	26	0. 682	0. 667	0. 668	0. 658	0. 678	0. 668	16
东北地区	0. 804	0. 710	0. 723	0. 722	0. 705	0. 716	5	0. 333	0. 359	0. 375	0. 448	0. 478	0. 391	7	0. 629	0. 618	0. 624	0. 643	0. 645	0. 625	7
北部沿海	0. 760	0. 702	0. 718	0. 684	0. 686	0. 701	3	0. 361	0. 389	0. 474	0. 534	0. 579	0. 460	5	0. 629	0. 617	0. 645	0. 641	0. 649	0. 631	6
东部沿海	0. 739	0. 652	0. 670	0. 656	0. 657	0. 663	2	0. 442	0. 481	0. 570	0. 586	0. 635	0. 541	1	0. 636	0. 626	0. 661	0. 649	0. 653	0. 644	5
南部沿海	0. 804	0. 724	0. 724	0. 707	0. 706	0. 724	6	0. 435	0. 492	0. 554	0. 613	0. 660	0. 539	2	0. 674	0. 669	0. 685	0. 689	0. 701	0. 678	2
黄河中游	0. 766	0. 645	0. 661	0. 622	0. 662	0. 657	1	0. 272	0. 297	0. 430	0. 500	0. 560	0. 406	6	0. 596	0. 565	0. 612	0. 606	0. 638	0. 598	8
长江中游	0. 766	0. 698	0. 701	0. 689	0. 696	0. 701	4	0. 397	0. 415	0. 490	0. 554	0. 613	0. 490	3	0. 641	0. 624	0. 649	0. 655	0. 674	0. 645	4
西南地区	0. 823	0. 745	0. 761	0. 750	0. 723	0. 751	7	0. 350	0. 393	0. 481	0. 534	0. 598	0. 461	4	0. 652	0. 652	0. 685	0. 691	0. 700	0. 672	3
西北地区	0. 947	0. 865	0. 855	0. 820	0. 832	0. 857	8	0. 261	0. 303	0. 363	0. 442	0. 515	0. 370	8	0. 692	0. 692	0. 707	0. 709	0. 735	0. 705	1
全国均值	0. 804	0. 721	0. 730	0. 709	0. 711	0. 724	—	0. 351	0. 386	0. 464	0. 524	0. 579	0. 454	—	0. 643	0. 633	0. 660	0. 661	0. 676	0. 650	-

资料来源：Matlab 输出。

第四节 生态环境质量的时空演化

为了更立体地刻画生态环境指数的时空演化，在对 EPI、EMI 和 EQI 进行动态测度的基础上，本研究将视角投入到其的分布差异和动态演进趋势。本研究将运用核密度估计来考察省际 EPI、EMI 和 EQI 的分布动态，进一步运用 Markov 转移概率矩阵来揭示其演化特征，并通过泰尔指数来剖析八大区域 EPI、EMI 和 EQI 的演进轨迹和差异来源。

一、动态演化分析

核密度估计作为一种非参数方法，模型依赖性弱，稳健性强，已成为分析空间非均衡的常用方法（刘华军和杜广杰，2017；陈明华等，2018）。该方法通常假设随机变量 X 的密度函数为：

$$f(x) = \frac{1}{Nh}\sum_{i=1}^{N} K\left(\frac{X_i - x}{h}\right) \tag{3-9}$$

核密度函数作为一种平滑转换函数或者加权函数，通常满足：

$$\begin{cases} \lim\limits_{x\to\infty} K(x) \times x = 0 \\ K(x) \geqslant 0 \qquad \int_{-\infty}^{+\infty} K(x)dx = 1 \\ \sup K(x) < +\infty \qquad \int_{-\infty}^{+\infty} K^2(x)dx < +\infty \end{cases} \tag{3-10}$$

式（3－10）中，N 代表观测值数量，X_i 代表独立同分布的观测值，x 代表平均值，K 代表核密度，h 代表带宽，带宽越大，估计的密度函数的曲线越光滑，估计的精确性越低；反之则带宽越小，密度函数则越不光滑，但是估计精确性高。

本研究选择高斯核函数分析省际 EPI、EMI 和 EQI 的分布动态演进（见图 3－2），通过对核密度估计曲线图进行比较分析，可以得到变量分布的位置、分布形态和分布的延展性三个方面的信息。分布位置表示省际 EPI、EMI 和 EQI 指数的高低。分布形态用来分析其空间差异大小和极化程度，其中波峰高度和宽度反应差异大小，波峰数量反映极化程度。分布的延展性用来刻画省际 EPI、EMI 和 EQI 指数较高的省份与其他省份的空间差异大小，如果拖尾越长，则表示差异越大。2000～2018 年，EPI 由双峰向单峰分布演进，主峰向左偏移，峰值呈现逐年缓慢增长趋势，2018 年达到峰值 3. 48。EMI 呈现单峰分布，主峰向右偏移，出现明显的“扁平—陡峭”波动，峰值增长明显，2018 年达到峰值 4. 65。EQI 呈现单峰分布，主峰未出现明显偏移，峰值波幅较小，2018 年达到峰值 4. 32。这说明空间格局中生态环境损害程度出现一定幅度的下降，省际生态环境损害出现由两个均衡点向一个均衡点的分化转变，极化趋势出现衰减，生态环境损害的整体差异呈现缩小趋势；生态环境建设程度出现较大幅度提升，省际生态环境建设水平维持着一个均衡点的平稳推进，波峰高度增加，峰值变大，且拖尾变短，这说明落后省份向发达省份的追赶效应明显，生态环境建设出现一定收敛趋势；生态环境质量的空间差异变化较小，维持着一个均衡点的持续演进，主峰峰值增加且波峰宽度变窄，拖尾变短，这说明其空间差距不断缩小，省际的生态环境质量提升的整体协同效应开始凸显。

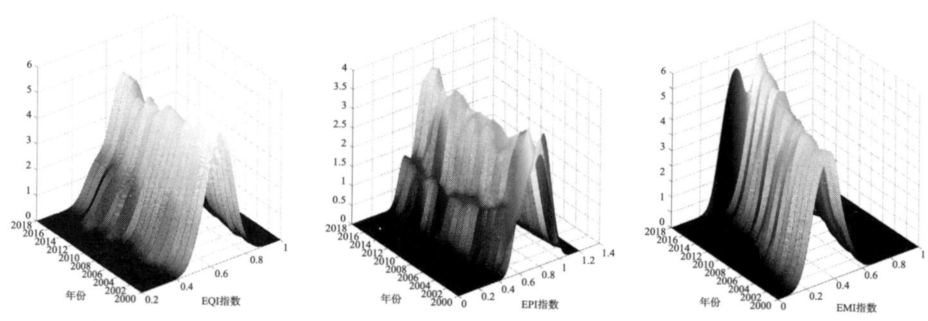

图 3 -2　省际 EPI、EMI 和 EQI 的核密度估计

资料来源：Matlab 绘制。

进一步，本研究运用四分位分类法，将 EPI 划分为高损害（EPI < 0. 6446)、中高损害（0. 6446 ≤ EPI < 0. 7377)、中低损害（0. 7377 ≤ EPI < 0. 8141）和低损害（EPI≥0. 8141）四个等级，将 EMI 划分为低建设（EMI < 0. 3750)、中低建设（0. 3750 ≤ EMI < 0. 4537)、中高建设（0. 4537 ≤ EMI < 0. 5357）和高建设（EMI≥0. 5357）四个等级，将 EQI 划分为低质量（EQI < 0. 6042)、中低质量（0. 6042 ≤ EQI < 0. 6607)、中高质量（0. 6607 ≤ EQI < 0. 7002）和高质量（EQI≥0. 7002）四个等级，并通过 Markov 转移概率矩阵对其内部转移机制进行分析（见表 3 -4）。

表 3-4　　2000~2018 年生态环境指数 Markov 转移概率矩阵

EPI	高损害	中高损害	中低损害	低损害	样本数
高损害	0.9341	0.0302	0.0484	-0.0127	142
中高损害	0.0063	0.9257	0.0389	0.0291	142
中低损害	0.0457	0.0421	0.8656	0.0467	143
低损害	0.0172	0.0466	0.0329	0.9033	143
EMI	低建设	中低建设	中高建设	高建设	样本数
低建设	0.0000	0.4963	0.2160	0.2877	143
中低建设	0.0000	0.8266	0.0968	0.0766	142
中高建设	0.0000	0.0060	0.9214	0.0726	143
高建设	0.0000	0.0000	0.0000	1.0000	142
EQI	低质量	中低质量	中高质量	高质量	样本数
低质量	0.9224	0.0163	0.0420	0.0192	143
中低质量	0.0278	0.8754	0.0593	0.0375	143
中高质量	0.0189	0.0344	0.9093	0.0373	142
高质量	0.0127	0.0004	0.0157	0.9712	142

资料来源：Matlab 输出。

具体来看，EPI 高损害、中高损害、中低损害和低损害 1 年后维持原有等级的概率分别为 93.41%、92.57%、86.56% 和 90.33%，向上一等级上升的概率分别为 3.02%、3.89% 和 4.67%，高损害转移到中低损害的概率为 4.84%，中高损害转移到低损害的概率为 2.91%，而向下一等级转移的概率分别为 0.63%、4.21% 和 3.29%。这说明 EPI 不同等级存在较强的稳定性，向上转移的难度较大，跳级转移的可能性较低，但依旧存在一定等级下降的转移风险。EMI 低建设、中低建设、中高建设和高建设 1 年后维持原有等级的概率分别为 0.00%、82.66%、92.14%、100.00%，向上一等级上升的概率分别为 49.63%、9.68% 和 7.26%，低建设向中高建设转移的概率为 21.60%，中低建设向高建设转移的概率为 7.66%，而向下一等级转移的概率分别为 0.00%、0.60% 和 0.00%。这说明 EMI 除低建设等级外存在较强的稳定性，向上转移难度较小，尤其是由低建设向中低建设转变，跳级转移的可能性较强，且基本不存在等级下降的风险。EQI 低质量、中低质量、中高质量和高质量 1 年后维持原有等级的概率分别为 92.24%、87.54%、90.93%、97.12%，向上一等级上升的概率分别为 1.63%、5.93% 和 3.73%，低质量向中高质量转移的概率为 4.20%，中低质量向高质量转移的概率为 3.75%，而向下一等级转移的概率分别为 2.78%、3.44% 和 1.57%。这说明 EQI 不同等级存在较强稳定性，向上转移难度较大，跳级转移的可能性较低，但存在向等级下降的潜在风险。因此，各省份要充分注重生态环境损害与生态环境建设之间双向作用的转移机制，推进生态环境损害不断减小，生态环境建设持续提高，进而促使生态环境质量进入并稳定在高质量等级。

二、区域差异分析

生态环境质量动态评价的目的，不仅在于对地区间生态环境质量进行优劣比较，更要深入分析区域差异及来源，从而对区域生态环境质量分布演化制定差异化的政策支持。为揭示东北地区、北部沿海、东部沿海、南部沿海、黄河中游、长江中游、西南地区和西北地区的区域差异及其来源，运用泰尔指数，本研究计算了八大区域 EPI、EMI 和 EQI 的差异及其贡献度（见表 3-5）。

泰尔指数（Theil Index）是从信息量与熵发展而来，用于考察不同族群的数据差异性。熵的概念来源于信息理论中的平均信息量，假设某一事件 E 发生的概率是 x，存在一条信息说明事件 E 确实发生过了，那么这条信息所包含的信息量可表示为：

$$h(x) = \ln\left(\frac{1}{x}\right) \tag{3-11}$$

如果把事件 E 由 E_1，E_2，…，E_n 组成一个完备事件组，其各自发生的概率为 x_1，x_2，…，x_n，且 $\sum_{i=1}^{n} x_i = 1$，那么熵或平均的期望信息量可被看作每个事件的信息量与其相应概率乘积的总和：

$$H(x) = \sum_{i=1}^{n} x_i h(x_i) = \sum_{i=1}^{n} x_i \log\frac{1}{x_i} = -\sum_{i=1}^{n} x_i \log x_i \tag{3-12}$$

显然，事件 E_i 的概率 x_i 越趋近于 $\frac{1}{n}$，熵值也就越大。如果将以上理论用于数据差异测度时，E_i 可理解为一组数据中的某一数据，$E = \sum_{i=1}^{n} E_i$；x_i 被解释为份额，即 $x_i = \frac{E_i}{E}$。同理，数组中每个数据越平均，x_i 越大，如果每

个 $x_i=\frac{1}{n}$，x_i 达到最大值 $\log(n)$。泰尔（1967）将 $\log(n)-x_i$ 定义为不平等指数：

$$T=\log(n)-x_i=\frac{1}{n}\sum_{i=1}^{n}\left(\frac{E_i}{E}\right)\log\left(\frac{E_i}{E}\right)=\frac{1}{n}\sum_{i=1}^{n}x_i\log x_i \qquad (3-13)$$

在进行数据分析时，经常需要对一组数据按照一定的规则分为若干小组数据，假设一组数据分为 G 个小组的数据，第 g 小组的数据样本量、数据之和分别为 N_g 和 Y_g，第 g 小组内第 p 个样本值为 Y_{gp}，则有以下等式成立：

$$N=\sum_{g=1}^{G}N_g,Y=\sum_{g=1}^{G}Y_g=\sum_{g=1}^{G}\sum_{p=1}^{N_g}Y_{gp}$$

式（3－13）可写为：

$$T=\sum_{g=1}^{G}\sum_{p=1}^{N_g}\frac{Y_{gp}}{Y}\log\left(\frac{\frac{Y_{gp}}{Y}}{\frac{1}{N}}\right)$$

$$=\sum_{g=1}^{G}\frac{Y_g}{Y}\log\left(\frac{\frac{Y_g}{Y}}{\frac{N_g}{N}}\right)+\sum_{g=1}^{G}\frac{Y_g}{Y}\sum_{p=1}^{N_g}\frac{Y_{gp}}{Y_g}\log\left(\frac{\frac{Y_{gp}}{Y_g}}{\frac{1}{N_g}}\right) \qquad (3-14)$$

令：

$$T^B=\sum_{g=1}^{G}\frac{Y_g}{Y}\log\left(\frac{\frac{Y_g}{Y}}{\frac{N_g}{N}}\right),\ T^W=\sum_{g=1}^{G}\frac{Y_g}{Y}\sum_{p=1}^{N_g}\frac{Y_{gp}}{Y_g}\log\left(\frac{\frac{Y_{gp}}{Y_g}}{\frac{1}{N_g}}\right)$$

则式（3－14）可以表示为：

$$T=T^B+T^W \qquad (3-15)$$

这样泰尔指数就分解为组间差距 T^B 和组内差距 T^W。各组内样本量简单平均方法由于无法真实反映经济发展与绿色发展水平提高的内在联系，容易产生扭曲现象，为了避免由于计算方法导致的结果扭曲，本研究在计算泰尔指数时采用 GDP 为权重，故式（3－15）可写为：

$$T=\sum_{g=1}^{G}\sum_{p=1}^{N_g}\frac{Y_{gp}}{Y}\log\left(\frac{\frac{Y_{gp}}{Y}}{\frac{1}{N}}\right)$$

$$= \sum_{g=1}^{G} \frac{Y'_g}{Y'} \log\left(\frac{\frac{Y'_g}{Y'}}{\frac{GDP_g}{GDP}}\right) + \sum_{g=1}^{G} \frac{Y'_g}{Y'} \sum_{p=1}^{N_g} \frac{Y'_{gp}}{Y'_g} \log\left(\frac{\frac{Y'_{gp}}{Y'_g}}{\frac{GDP_{gp}}{GDP_g}}\right) \tag{3-16}$$

式（3-16）中，$Y'_{gp} = Y_{gp} * GDP_{gp}$表示经过加权的各省份绿色发展水平值，$Y'_g$表示各地区以 GDP 为权重的绿色发展水平值之和，$Y'_g = \sum_{p=1}^{N_g} Y'_{gp}$，$Y'$表示以 GDP 为权重的全国绿色发展水平值之和，$Y' = \sum_{g=1}^{G} Y'_g$，G 表示所分区域的数量，$N_g$ 为各区域内省份的数据；GDP 为当期研究样本累计加总 GDP 和，GDP_g 为第 g 区域内各省（区、市）GDP 加总，GDP_{gp}为第 g 区域内第 p 省的 GDP，GDP 在计算时均平减为不变价格（基期 = 1990）。

2000 ~ 2018 年，EPI 区域间差异呈现平稳波动趋势，差异化贡献率稳定在 67% 左右，2000 年达到最高 70.16%；EMI 区域间差异呈现逐渐扩大趋势，差异化贡献率稳定在 75% 左右，在 2018 年达到最高 87.56%；EQI 区域间差异呈现逐渐扩大趋势，差异化贡献率稳定在 77% 左右，在 2000 年达到最高 82.27%（见表 3-5）。由此可见 EPI、EMI 和 EQI 的差异主要是由于区域间差异，这与区域间自然禀赋和经济社会的发展差距密切相关，平衡区域间差异应当作为协调生态环境质量协同提升的重要突破点。EPI 区域内差异呈现持续扩大趋势，差异化贡献率由 2000 年的 29.84% 增长到 2018 年的 36.99%，这其中北部沿海的内部差异最大，差异化贡献率平均达到 14.52%，东部沿海和南部沿海次之，西南和西北地区最小。EMI 区域内差异呈现持续缩小趋势，差异化贡献率由 2000 年的 35.97% 下降到 2018 年的 12.44%，这其中东部沿海和黄河中游的下降趋势最为明显，分别由 2000 年的 10.81% 和 9.21% 下降到 2018 年的 2.10% 和 0.23%，东北地区、南部沿海和长江中游的内部差异贡献率较低。EQI 区域内差异出现“增长—下降”的波动变化趋势，差异化贡献率最高达到 2013 年的 27.12%，最低达到 2000 年 12.73%，这其中北部沿海的内部差异贡献率最大，均值达到 10.51%，南部沿海和东部沿海贡献次之，东北和西北地区贡献最小。由此可见，八大区域 EPI、EMI 和 EQI 存在区域内协同效应和区域间分化效应不断增强的演进特征，其背后深层次的原因是不同区域禀赋结构和经济结构转型的路径差异。因此，生态环境改善的政策导向要朝向区域内联防联治和区域间细化把控相结合，将协同治理与差异分治有机结合起来，共同推进中国生态环境质量的不断提升。

表 3－5　　八大区域生态环境指数泰尔指数分解

指数	年份	泰尔指数	区域间差异		区域内差异									
			差异指数	差异贡献率（%）	差异指数	差异贡献率（%）								
						合计	东北地区	北部沿海地区	东部沿海地区	南部沿海地区	黄河中游	长江中游	西南地区	西北地区
EPI指数	2000	0.0305	0.0214	70.16	0.0091	29.84	0.91	13.57	4.08	4.09	3.86	1.44	1.66	0.24
	2005	0.0356	0.0237	66.47	0.0119	33.53	1.00	13.34	4.01	6.60	4.38	0.76	2.55	0.89
	2009	0.0329	0.0230	69.81	0.0099	30.19	0.72	11.99	4.37	7.12	3.26	0.36	1.45	0.93
	2013	0.0349	0.0226	64.77	0.0123	35.23	1.43	16.44	4.97	7.64	2.77	0.40	0.12	1.46
	2018	0.0337	0.0212	63.01	0.0125	36.99	1.98	18.67	4.82	6.72	1.96	0.69	0.94	1.22
	均值	0.0346	0.0231	67.24	0.0115	32.76	1.10	14.52	4.24	6.68	3.26	0.67	1.26	1.01
EMI指数	2000	0.0282	0.0181	64.03	0.0101	35.97	2.34	3.41	10.81	1.38	9.21	2.29	6.00	0.53
	2005	0.0242	0.0173	71.29	0.0070	28.71	2.68	2.45	9.12	1.33	5.96	2.46	4.40	0.32
	2009	0.0260	0.0205	78.70	0.0055	21.30	1.64	3.34	3.26	0.47	3.29	0.82	5.21	3.27
	2013	0.0213	0.0173	81.56	0.0039	18.44	0.41	3.70	2.08	0.14	0.14	1.73	7.42	2.82
	2018	0.0218	0.0191	87.56	0.0027	12.44	0.18	2.20	2.10	0.78	0.23	0.56	3.49	2.91
	均值	0.0245	0.0184	75.59	0.0061	24.41	2.01	3.00	5.43	0.99	3.82	1.49	5.35	2.32
EQI指数	2000	0.0200	0.0165	82.27	0.0036	17.73	0.43	8.07	1.26	4.42	1.81	0.85	0.58	0.31
	2005	0.0229	0.0176	77.01	0.0053	22.99	0.53	10.43	1.94	6.15	2.22	0.53	0.80	0.39
	2009	0.0227	0.0183	80.47	0.0044	19.53	0.35	7.08	1.77	5.82	2.29	0.71	0.65	0.86
	2013	0.0253	0.0184	72.88	0.0069	27.12	0.71	13.06	2.77	5.93	2.26	0.51	1.06	0.83
	2018	0.0256	0.0191	74.91	0.0064	25.09	1.65	12.73	3.59	4.23	1.14	0.49	0.56	0.70
	均值	0.0236	0.0182	77.26	0.0055	22.74	0.72	10.51	2.06	5.41	2.03	0.61	0.73	0.68

资料来源：Matlab 输出。

第五节　生态环境质量的空间收敛

一、全局空间自相关测度

现阶段空间计量中一般选择莫兰指数，空间效应的研究中经常出现这一权威性方式。“空间自相关”对邻近区域选取的变量，由于地理位置靠近，彼此相互作用会取得类似的值。例如，某一区域的取值和与之相邻的另一区域取值都比较高，那么这两个区域之间就可能存在“正空间自相关”。同理，两个地理位置接近的区域取值均较低，也属于“正空间自相关”。反之，若某一区域的取值比较低，与之相邻的另一区域取值比较高，那么这两个区域之间就可能存在“负空间自相关”。此外，如果取值高与低的区域间没有明显的相关性，取值随机地分布在任何范围内，就可以得出空间不存在相关性的结论。

通常状态使用全局莫兰指数对地区的空间关联进行检测，这一指数用来描述在某一地区整体范围内某一特定变量的空间相关性。其表达式为：

$$I = \frac{\sum_{i=1}^{n}\sum_{j=1}^{n} w_{ij}(Y_i - \bar{Y})(Y_j - \bar{Y})}{S^2 \sum_{i=1}^{n}\sum_{j=1}^{n} w_{ij}} \tag{3-17}$$

其中，$S^2 = \frac{1}{n}\sum_{i=1}^{n}(Y_i - \bar{Y}), \bar{Y} = \frac{1}{n}\sum_{i=1}^{n} Y_i$。

式（3－17）中，w_{ij}表示空间权重的矩阵，Y_i、Y_j 表示 i、j 地区的变量数据，n 指研究指标数量。莫兰指数在 -1 到 1 之间，越临近 1，则区域间大气污染物存在空间正相关；反之取值接近 -1，则存在空间负相关；若取值临近 0，则空间不存在明显相关。

基于探索性空间数据分析计算 EPI、EMI 和 EQI 的全局 Moran's I 指数，借助地理经济距离作为空间权重矩阵来对 2000～2018 年 EPI、EMI 和 EQI 进行显著性检验后，从分析的结果来看（见表 3－6），三个指数的 Moran's I 指数全部为正，且至少通过 P 值为 5% 的显著性检验。由此可见，EPI、EMI 和 EQI 存在较为显著的全局空间集聚效应。通过进一步的研究可以发现，集聚的程度随时间的推进呈现波动变化的趋势，这说明 EPI、EMI 和 EQI 相似的区域在空间上呈现出变动状态的集聚现象。

表 3－6　2000～2018 年生态环境指数全局 Moran's I 指数

年份	EPI			EMI			EQI		
	Moran'I	Z score	P 值	Moran'I	Z score	P 值	Moran'I	Z score	P 值
2000	0.187**	1.783	0.037	0.413***	3.630	0.000	0.220**	1.593	0.056
2001	0.253***	2.328	0.008	0.457***	3.984	0.000	0.185**	1.960	0.025
2002	0.188**	1.792	0.037	0.505***	4.391	0.000	0.213**	2.206	0.014

续表

年份	EPI			EMI			EQI		
	Moran'I	Z score	P 值	Moran'I	Z score	P 值	Moran'I	Z score	P 值
2003	0.199 **	2.088	0.030	0.449 ***	3.913	0.000	0.165 **	1.776	0.038
2004	0.185 **	1.767	0.039	0.405 ***	3.566	0.000	0.199 **	2.088	0.018
2005	0.179 **	1.726	0.042	0.436 ***	3.820	0.000	0.271 ***	2.735	0.003
2006	0.161 *	1.582	0.057	0.516 ***	4.466	0.000	0.238 ***	2.442	0.007
2007	0.144 *	1.442	0.075	0.551 ***	4.759	0.000	0.215 **	2.230	0.013
2008	0.164 *	1.601	0.055	0.573 ***	4.920	0.000	0.292 ***	2.909	0.002
2009	0.164 *	1.608	0.054	0.521 ***	4.487	0.000	0.216 **	2.234	0.013
2010	0.167 *	1.629	0.052	0.457 ***	3.978	0.000	0.220 **	2.260	0.012
2011	0.157 *	1.546	0.061	0.377 ***	3.320	0.000	0.158 **	1.724	0.042
2012	0.134 *	1.505	0.066	0.449 ***	3.891	0.000	0.160 **	1.733	0.042
2013	0.205 **	2.136	0.016	0.309 ***	2.768	0.003	0.134 *	1.505	0.066
2014	0.149 *	1.492	0.068	0.327 ***	2.923	0.002	0.205 **	2.136	0.016
2015	0.161 *	1.587	0.056	0.408 ***	3.596	0.000	0.241 ***	2.474	0.007
2016	0.133 *	1.355	0.088	0.415 ***	3.639	0.000	0.261 ***	2.644	0.004
2017	0.234 ***	2.276	0.010	0.393 ***	3.483	0.000	0.321 ***	3.202	0.001
2018	0.198 **	2.075	0.032	0.415 ***	3.875	0.000	0.256 ***	2.587	0.006

注：*、**、*** 分别表示在10%、5%、1%的水平上显著。
资料来源：Stata 输出。

二、局部空间自相关聚类

本研究运用探索性空间数据分析计算 EPI、EMI 和 EQI 的局部 Moran's I 指数，并进行空间聚类，据此进一步分析各区域生态环境质量的空间关联模式（见表3-7）。大部分的省级区域都分布于 H—H 和 L—L 两组中，显示出正向空间关联，即 EPI、EMI 和 EQI 较接近的地区在地理空间分布上相对集中，空间集聚的显著性表现为不断扩大后维持稳定的趋势，这意味着 EPI、EMI 和 EQI 存在较显著的空间溢出效应。

表3-7　　生态环境指数局部空间聚类

集聚区	EPI指数		EMI指数		EQI指数	
	2000年	2018年	2000年	2018年	2000年	2018年
高—高 H—H	京、津、内、吉、黑、渝、贵、滇、陕、甘、青、宁、新	京、津、黑、川、贵、滇、陕、甘、青、宁、新	津、沪、苏、浙、皖、闽、赣、鲁、豫、鄂、湘、粤、桂、琼、川	沪、苏、浙、皖、闽、赣、鄂、粤、桂、琼、贵	吉、沪、浙、皖、闽、赣、琼、贵、滇、青	吉、沪、浙、闽、赣、琼、川、贵、滇、青
低—高 L—H	浙、粤、桂、川	内、浙、鄂、粤、桂、	贵、滇	湘、川、滇、青	晋、辽、苏、鄂、湘、粤、桂、川	晋、辽、苏、皖、鄂、湘、粤、桂
低—低 L—L	冀、晋、辽、苏、鲁、豫、鄂、湘	冀、晋、辽、苏、鲁、豫、皖	冀、晋、内、黑、渝、陕、甘、青、宁、新	津、冀、晋、内、辽、吉、黑、豫、陕、甘、宁、新	冀、内、黑、鲁、豫、渝	冀、内、黑、鲁、豫、新
高—低 H—L	沪、皖、闽、赣、琼	吉、沪、闽、赣、湘、琼	京、辽、吉	京、鲁、渝	京、津、陕、甘、宁、新	京、津、渝、陕、甘、宁

资料来源：笔者自制。

（1）高—高（H—H）聚集区。EPI、EMI和EQI的H—H聚集区主要集中在东部沿海、西南和西北地区。原因来自两方面，一方面，东部沿海具有较高的经济发展水平和高层次的产业结构，且已形成产业集群。依赖技术支撑下的资源能源优化利用和高标准严要求的生态环境监管，都在推动区域内部形成较好的生态环境质量扩散效应，带动生态文明建设与经济结构优化转型的协同发展；另一方面，西南和西北地区经济发展相对落后，人类活动密度较小，对生态环境的破坏有限，且在近年来大规模生态环境治理投入的推动下，生态脆弱区保护和环境污染协同治理逐渐形成区域扩散效应，带动生态环境质量良性循环持续提升。

（2）低—高（L—H）聚集区。EPI、EMI和EQI的L—H聚集区主要集中在东北和中部地区，以湖南和湖北为主要代表。主要是因为这类地区紧靠经济发展程度和生态文明建设水平都较高的京津和东部沿海地区，但其经济发展水平较低，产业结构相对落后，且都依靠资源能源输出支撑经济发展，经济增长绩效较低。此外，这类区域在东部发达地区产业转移中承担了大量的高污染高能耗企业，付出了大量的资源和环境代价，导致其生态环境指数一直低位徘徊。

（3）低—低（L—L）聚集区。EPI、EMI和EQI的L—L聚集区主要集中在中部和西部地区的资源能源省份，以山西、河北、山东和河南为主要代表。主要是因为，一方面资源诅咒在这些省份特别明显，虽然具有自然资源禀赋优势，但长期传统资源开发模式使得工业建设中付出了大量的生态环境代价；另一方面，区位优势和发展机遇差，既没有东部地区产业转型升级的潜力，也不具备西部地区生态脆弱区的保护和补偿机制，经济发展中缺少资金支持和技术升级的驱动，生态环境质量形成工业污染与治理缺失的恶性循环。

（4）高—低（H—L）聚集区。EPI、EMI 和 EQI 的 H—L 聚集区主要集中在京津、陕甘宁等地。主要是因为陕甘宁地区具备较强的生态环境优势，经济规模较小，生态环境保护的压力较大，长期以来对生态保护区建设大幅提升了生态环境质量；京津则具有产业发展优势，依靠高技术产业布局提升经济增长绩效，资源损耗和环境破坏较少。但是这两个省份与周边省份的合作机制不健全，产业链的延伸和经济布局缺乏合理性，逐渐出现生态环境质量的区域极化效应。

三、空间收敛性分析

（一）动态空间杜宾面板模型的设定

借鉴新古典经济增长理论中的 β 收敛预判中国生态环境质量的演化状况，β 收敛可分为绝对收敛和条件收敛，其中条件收敛假定区域间存在差异性，不同区域之间存在不同的经济特征和稳态值，更符合经济现实，因而本书重点研究 β 条件收敛，空间权重矩阵分别选择邻接矩阵、地理距离矩阵和地理—经济距离矩阵。借鉴勒萨和匹赛（LeSage and Pace，2009）提出的动态空间杜宾面板模型，模型设定为：

$$\ln\left(\frac{EPI_{i,t+1}}{EPI_{i,t}}\right) = \lambda\sum_{j=1}^{n} W_{ij}\ln\left(\frac{EPI_{i,t+1}}{EPI_{i,t}}\right) + \beta\ln EPI_{i,t} + \varphi_n X_{i,t} + \eta\sum_{j=1}^{n} W_{ij}\ln EPI_{i,t} + \mu\sum_{j=1}^{n} W_{ij}X_{i,t} + u_i + v_i + \varepsilon_{it} \quad (3-18)$$

式（3－18）中，λ 为空间滞后回归系数，W_{ij} 为标准化的空间权重矩阵第 i 行 j 列的元素，$X_{i,t}$ 为控制变量集合，u_i 和 v_i 分别表示时间和空间效应，ε_{it} 为误差项。当加入控制变量后，模型仍然收敛于同一长期均衡状态，即 β 显著小于 0，则意味着样本期间存在条件收敛现象。

控制变量选取的说明如下。（1）经济增长速度（GS）：经济增速是带动社会经济活力，推进社会治理和生态建设的重要驱动力，是提高城市经济发展效率、进而改善城市生态环境的基本条件，本研究选用各省份 GDP 增速衡量。(2) 环境治理投资（EIP）：环境治理投资是驱动资源集约化利用、推进环境治理的基本政策，本研究选用各省环境治理投资总额与 GDP 的占比衡量。(3) 能源强度水平（EI）：大量煤炭、石油和天然气作为主要能源供给，其单位能耗直接关系到能源利用效率，对于提高生态环境质量有着显著影响，本研究选用单位产出能耗来进行衡量。(4) 市场规制（EC）：市场规制能推动中小企业等微观经济体实现产能结构的集约化和转型，限制高污染高能耗产业的发展，本研究选用资源税、排污费总额和车船税运用熵权法合成市场规制指标来进行衡量。(5) 公众参与（PP）：公众参与在一定程度上能体现生态环境治理的群众参与程度，本研究选用各地区环境污染来访人数、环境污染来信总数和突发事件数采用熵权法进行合成公众参与指数来进行衡量。(6) 产业高级化水平（IN）：产业结构高级化有利于资源和能源的集约化利用，并通过产业创新效应和人力资本优势提高单位投入的产出空间，进而实现产业结构优化对生态环境质量的影响机制分析，本研究选用第三产业占第二产业的比重来进行衡量。(7) 地区收入水平（INPGDP）：地区人均收入水平的提高助推地区产业转型和生态环境质量的提升，本研究选用各省实际人均 GDP 的对数来进行衡量。(8) 人口密度（INPOP）：地区人口密度是生态环境压力重要的影响因素，本研究选用各省常住人口的对数进行衡量。

（二）全局空间收敛分析

为增强结论的稳健性，本研究分别采用邻接矩阵、地理距离矩阵和地理—经济距离矩阵来构建空间权重矩阵，豪斯曼检验结果都支持固定效应模型（P 邻 =0.000，P 地 =0.000，P 地经 =0.000），结合 Wald 和 LR 检验结果，可以判断解释变量时空滞后项的动态空间杜宾模型为较优选择。鉴于模型可能存在内生性，本研究采用极大似然估计法（MLE）以消除内生性带来的估计偏误，动态空间杜宾模型估计结果如表 3－8 所示。从以上结果可以看出，EPI、EMI 和 EQI 的空间效应（λ）为正且通过了显著性检验。由于空间溢出效应的存在，EPI、EMI 和 EQI 都存在 β 条件收敛，空间溢出效应为正。采用邻接矩阵下的 EPI、EMI 和 EQI 的收敛率分别为 13.94%、24.99% 和 7.99%，半程收敛周期分别为 4.97 年、2.77 年和 8.68 年；采用地理距离矩阵下的 EPI、EMI 和 EQI 的收敛率分别为 14.62%、24.82% 和 8.67%，半程收敛周期分别为 4.74 年、2.79 年和 7.99 年；采用地理—经济距离矩阵的 EPI、EMI 和 EQI 的收敛率分别为 13.77%、23.80% 和 9.69%，半程收敛周期分别为 5.03 年、2.91

表 3－8　　生态环境指数空间收敛检验结果

解释变量	邻接矩阵			地理距离矩阵			地理－经济距离矩阵		
	EPI 指数	EMI 指数	EQI 指数	EPI 指数	EMI 指数	EQI 指数	EPI 指数	EMI 指数	EQI 指数
L. y	－0. 1295 *** (0. 0352)	－0. 2215 *** (0. 0431)	－0. 0774 ** (0. 0384)	－0. 1362 *** (0. 0345)	－0. 2196 *** (0. 0431)	－0. 0838 ** (0. 0376)	－0. 1281 *** (0. 0376)	－0. 2117 *** (0. 0429)	－0. 0917 ** (0. 0393)
GS	－0. 2724 *** (0. 0980)	－0. 0561 ** (0. 1503)	－0. 1673 *** (0. 0638)	－0. 2722 *** (0. 1017)	－0. 0243 ** (0. 1601)	－0. 1547 *** (0. 0662)	－0. 2540 ** (0. 1106)	－0. 0376 ** (0. 1639)	－0. 01487 ** (0. 0717)
EIP	－0. 6919 * (0. 3929)	0. 1528 * (0. 6021)	0. 4451 * (0. 2566)	－0. 6224 * (0. 3897)	0. 2751 ** (0. 6122)	0. 4354 * (0. 2537)	0. 1081 * (0. 4033)	0. 3434 ** (0. 5979)	0. 5365 ** (0. 2615)
IN	－0. 0435 (0. 0490)	－0. 0126 (0. 0750)	－0. 0308 (0. 0319)	－0. 0512 (0. 0460)	－0. 0132 (0. 0721)	－0. 0366 (0. 0299)	－0. 0311 (0. 0501)	－0. 0013 (0. 0742)	－0. 0201 (0. 0325)
EI	0. 0317 ** (0. 0140)	0. 0399 * (0. 0215)	－0. 0022 * (0. 0045)	0. 0292 ** (0. 0148)	0. 0369 * (0. 0234)	－0. 0017 * (0. 0042)	0. 0619 ** (0. 0288)	0. 1043 ** (0. 0430)	0. 0484 *** (0. 0189)
EC	－0. 0262 * (0. 0463)	－0. 1252 * (0. 0709)	－0. 0445 ** (0. 0302)	－0. 0158 * (0. 0449)	－0. 1056 * (0. 0703)	－0. 0393 ** (0. 0292)	－0. 0378 * (0. 0455)	－0. 1066 * (0. 0672)	－0. 0223 ** (0. 0294)
PP	－0. 0332 * (0. 0501)	－0. 1422 * (0. 0768)	－0. 0447 * (0. 0327)	－0. 0069 (0. 0292)	－0. 0498 * (0. 0459)	－0. 0199 * (0. 0190)	－0. 1564 * (0. 0881)	－0. 2314 * (0. 0467)	－0. 1547 *** (0. 0574)
lnPGDP	0. 0318 * (0. 0318)	0. 0350 * (0. 0505)	0. 0241 ** (0. 0208)	0. 0565 * (0. 0328)	0. 0407 * (0. 0515)	0. 0413 ** (0. 0214)	0. 0683 ** (0. 0492)	0. 0977 * (0. 0550)	0. 0171 * (0. 0323)
lnPOP	0. 0483 (0. 1199)	0. 0519 (0. 1837)	0. 0276 * (0. 0782)	0. 0954 (0. 1277)	0. 1014 (0. 2005)	0. 0755 * (0. 0831)	－0. 0507 (0. 1262)	0. 0252 (0. 1872)	0. 0194 * (0. 0818)

续表

解释变量	邻接矩阵			地理距离矩阵			地理 - 经济距离矩阵		
	EPI 指数	EMI 指数	EQI 指数	EPI 指数	EMI 指数	EQI 指数	EPI 指数	EMI 指数	EQI 指数
λ	0.4156*** (0.0455)	0.1174** (0.0592)	0.5009*** (0.0423)	0.5189*** (0.0494)	0.1863*** (0.0682)	0.5933*** (0.0448)	0.5875*** (0.0803)	0.2260** (0.0906)	0.6566*** (0.0654)
N	540	540	540	540	540	540	540	540	540
敛散性	收敛	收敛	收敛	收敛	收敛	收敛	收敛	收敛	收敛
收敛速度	0.1394	0.2499	0.0799	0.1462	0.2482	0.0867	0.1377	0.2380	0.0969
LogL	930.68	735.69	1129.96	941.40	735.84	1142.79	918.21	741.58	1122.55
AIC	-1823.35	-1433.38	-2221.92	-1844.81	-1433.68	-2247.59	-1798.42	-1445.17	-2207.10
BIC	-1744.05	-1354.07	-2142.62	-1765.51	-1354.38	-2168.29	-1719.12	-1365.86	-2127.80

注：*、**、*** 分别表示在 10%、5%、1% 的水平上显著。
资料来源：Stata 输出。

年和7.15年。由此可见，纳入经济距离后，EQI指数收敛速度加快，收敛周期在缩短，而EPI和EMI的收敛速度和收敛周期并没有明显减小。这可能由于地区间经济社会发展和生态文明推进不平衡会在空间维度上呈现出“核心－边缘”的分布格局从而产生极化和扩散两种效应，空间互动状态下领先区域的扩散效应会通过资源转移和产业优化提升邻近区域的生态环境质量，但地区经济发展水平的差距也在通过虹吸效应削弱邻近区域的发展速度进而增强极化特征。

控制变量中，经济增长速度对EPI、EMI和EQI空间收敛的影响方向为负，这是由于经济增速会带来地区生态文明发展规划和经济结构转型的推进，提升生态环境建设水平，改善生态环境质量。环境治理投资力度对EPI、EMI和EQI空间收敛的影响方向为负，表明环境治理投资力度会拉大区域间生态环境质量的差距，可能由于环境治理力度的地区差距扩大会影响环境损害的把控防范和环境建设的规划推进，进而地区生态文明建设水平差异出现分化。产业高级化水平对EPI、EMI和EQI空间收敛的影响方向为负，但不显著，表明产业转型升级会促进生态环境质量空间趋同。能耗强度对EPI、EMI和EQI的影响方向为正，表明能耗强度的差异会恶化区域内生态环境质量的空间格局。市场规制和公众参与对EPI、EMI和EQI空间收敛的影响方向为负，表明市场规制和公众参与有利于生态环境质量的不断改善，然而受制于公众环境诉求的表达机制以及监督与信息反馈渠道的不完善，其对生态环境质量的影响非常有限。地区收入水平和人口密度对EPI、EMI和EQI空间收敛的影响方向为正，表明地区收入水平和人口密度的差异扩大会加剧区域生态环境质量差距，随着地区间人均收入水平的差异缩小，生态环境质量的提升会形成区域内协同效应，实现经济增长福利与生态环境改善的“双赢”。

（三）分区域空间收敛分析

为进一步探究空间效应对EPI、EMI和EQI收敛影响的趋同状况，本研究按八大区域分开讨论，在地理—经济距离矩阵下检验各区域EPI、EMI和EQI的俱乐部收敛趋势。具体来看（见表3－9），八大区域EPI、EMI和EQI呈现较为显著的空间收敛趋势且空间外溢效应为正，EPI收敛速度由快到慢依次为西北地区（34.00%）、南部沿海地区（27.03%）、西南地区（25.67%）、北部沿海地区（21.25%）、黄河中游地区（15.64%）、东部沿海地区（13.43%）、东北地区（12.41%）和长江中游地区（12.07%），对应的半程收敛周期分别为2.04年、2.56年、2.70年、3.26年、4.43年、5.16年、5.59年和5.74年。EMI收敛速度由快到慢依次为南部沿海地区（94.10%）、

表 3-9 八大区域生态环境指数空间收敛检验结果

解释变量	东北地区			北部沿海			东部沿海		
	EPI 指数	EMI 指数	EQI 指数	EPI 指数	EMI 指数	EQI 指数	EPI 指数	EMI 指数	EQI 指数
L. y	-0.1168** (0.0851)	0.1854** (0.1366)	-0.0406** (0.0851)	-0.1910** (0.1243)	-0.3702*** (0.0961)	-0.0492* (0.1187)	-0.1262* (0.1132)	-0.3383** (0.1369)	-0.0799** (0.1269)
λ	0.5583*** (0.0931)	0.2070* (0.0634)	0.4941*** (0.1013)	0.1813* (0.0261)	0.3341** (0.1421)	0.3604* (0.0219)	0.1473* (0.0876)	0.1772* (0.1785)	0.2954** (0.1442)
N	51	51	51	68	68	68	51	51	51
敛散性	收敛	发散	收敛	收敛	收敛	收敛	收敛	收敛	收敛
收敛速度	0.1241	—	0.0408	0.2125	0.4624	0.051	0.1343	0.4131	0.0833
LogL	102.17	94.70	118.98	93.02	109.51	129.70	109.28	110.45	130.34
AIC	-223.35	-151.40	-221.29	-148.04	-181.02	-221.40	-180.57	-182.90	-222.69
BIC	-214.05	-115.85	-214.26	-107.02	-140.00	-180.39	-145.02	-147.35	-183.13
解释变量	南部沿海			黄河中游			长江中游		
L. y	-0.2366* (0.1626)	-0.6095*** (0.1280)	-0.5510*** (0.1375)	-0.1449* (0.0764)	-0.2126* (0.0961)	-0.0737** (0.0746)	-0.1133** (0.0734)	-0.3196*** (0.1099)	-0.1035** (0.0894)
λ	0.1156* (0.2066)	0.0294 (0.1655)	0.2710* (0.0931)	0.4934*** (0.0682)	0.0056 (0.1841)	0.5276*** (0.0735)	0.5402*** (0.0975)	0.1169 (0.2137)	0.5477*** (0.0943)
N	51	51	51	68	68	68	68	68	68
敛散性	收敛	收敛	收敛	收敛	收敛	收敛	收敛	收敛	收敛
收敛速度	0.2703	0.9401	0.8007	0.1564	0.2397	0.0765	0.1207	0.3859	0.1088

续表

解释变量	南部沿海			黄河中游			长江中游		
	EPI 指数	EMI 指数	EQI 指数	EPI 指数	EMI 指数	EQI 指数	EPI 指数	EMI 指数	EQI 指数
LogL	99.28	91.49	116.56	136.63	103.35	156.45	165.65	123.82	175.66
AIC	-160.55	-144.98	-195.11	-235.27	-168.71	-274.89	-293.31	-209.63	-313.32
BIC	-125.00	-109.43	-159.56	-194.25	-127.69	-233.87	-252.29	-168.62	-272.30
解释变量	西南地区			西北地区					
L. y	-0.2259*** (0.0794)	-0.2899*** (0.1101)	-0.2348** (0.1013)	-0.2883*** (0.0937)	-0.3265** (0.1282)	-0.3893*** (0.1319)			
λ	0.0352 (0.1618)	0.3474*** (0.1249)	0.40742 (0.1743)	0.4563* (0.2393)	0.7827*** (0.2725)	0.1507* (0.1934)			
N	85	85	85	68	68	68			
敛散性	收敛	收敛	收敛	收敛	收敛	收敛			
收敛速度	0.2567	0.3417	0.2669	0.34	0.3961	0.493			
LogL	180.38	124.96	205.64	185.78	93.00	204.59			
AIC	-322.75	-211.91	-373.27	-333.56	-149.00	-371.18			
BIC	-277.49	-166.65	-328.01	-292.54	-106.98	-330.17			

注：*、**、*** 分别表示在 10%、5%、1% 的水平上显著。
资料来源：Stata 输出。

北部沿海地区（46.24%）、东部沿海地区（41.31%）、西北地区（39.61%）、长江中游地区（38.59%）、西南地区（34.17%）和黄河中游地区（23.97%），对应的半程收敛周期分别为0.74年、1.50年、1.68年、1.75年、1.80年、2.03年和2.89年。EQI收敛速度由快到慢依次为南部沿海地区（80.07%）、西北地区（49.30%）、西南地区（26.69%）、长江中游地区（10.88%）、东部沿海地区（8.33%）、黄河中游地区（7.65%）、北部沿海地区（5.10%）和东北地区（4.08%），对应的半程收敛周期分别为0.87年、1.41年、2.60年、6.37年、8.32年、9.06年、13.59年和16.99年。由此可见，一方面，收敛速度由EMI、EPI、EQI递减，这说明通过绿色发展理念的贯彻落实、生态文明建设的持续推进，地区间生态环境质量会出现明显的协同提升效应；另一方面，不同区域由于存在自然资源禀赋和社会经济发展的巨大差距，区域内自然禀赋结构相似且经济社会发展水平相近有助于推进生态环境损害的不断减轻、生态环境建设的持续推进和生态环境质量的协同提升。

第四章　中国生态全要素生产率增长的动态测度

本书第三章中，本研究在强可持续发展理论的环境福利非减性约束下，从环境损害和环境建设两个维度构建生态环境质量评价指标体系，对中国生态环境质量进行综合评价，测算全国各省份历年生态环境质量指数。以此为基础，本章将进一步把生态环境质量纳入全要素生产率模型的生产边界中，对处于能源消费和生态环境双重约束下的中国生态全要素生产率进行测度。并在全要素生产率研究框架下分解出资本生产率指数、劳动生产率指数、清洁能源生产率指数、非清洁能源生产率指数和环境建设生产率指数等五个生产要素动态绩效的测评指标，对其时序演变进行研究，并分析各生产要素对生态全要素生产率增长的绩效贡献，从而实现由经济增长要素绩效向总体绩效的推进，探究中国生态全要素生产率增长的内在核心要素源泉。

近年来，受错综复杂的国际环境和国内经济深层次矛盾凸显的影响，中国已经进入增速换挡期、结构调整阵痛期和前期刺激政策消化期，经济增长的平衡性、协调性和可持续性亟待增强。为了扭转这种局面，2015 年 3 月 5 日，中国政府首次在工作报告中指出解决“三期叠加矛盾”的路径是“提高全要素生产率”；同年 3 月 23 日，《人民日报》指出“全要素生产率是新常态下唯一可持续的增长动力”。全要素生产率的提高不仅可以促进经济发展方式的转变（蔡昉，2013），而且可以缩小地区发展差距（朱子云，2015），还是跨越中等收入陷阱的制胜法宝（杨汝岱，2015）和供给侧结构性改革的着力点（沈坤荣和金刚，2016）。党的十八届五中全会又把“推进生态文明建设，促进经济平稳健康发展”列为“十三五”时期我国发展的指导思想。党的十九大报告又表明全要素生产率是推动经济发展质量变革、效率变革、动力变革的重要手段。2018 年底召开的中央经济工作会议再次强调：“坚持推动高质量发展，提高经济效率，转换增长动力，促进全要素生产率提升，实现环境保护与经济发展的双赢”。因此，基于强可持续理论，在建设生态文明的诉求下，如何科学评定中国各省的生态环境状况，并将其纳入全要素生产率的框架来重新审视中国各省（区、市）的生态全要素生产率，构建“要素绩效—总体绩效—要素贡献度”逐层递进的研究范式，动态识别生态全要素生产率的时空演变就成为需要迫切研究的理论和现实问题。

第一节 生态全要素生产率的模型构建①

一、生态全要素生产率模型构建

生态全要素生产率进行模型构建的首要前提将强可持续理论引入到全要素生产率的分析框架，构建一个同时包含投入、合意产出和非合意产出的生产可能性集合。强可持续在 2012 年联合国“里约 +20”全球可持续发展大会上被正式确定为新的绿色发展范式，要求人类社会经济发展必须尊重地球边界和生态极限。与弱可持续相比，强可持续理论强调资源和环境等关键自然资本的不可替代性，要求在损害生态环境的同时还要不断提高环境的自净能力，保证环境福利的非减性。按照强可持续理论环境福利非减性发展诉求，在推进生态文明建设和提升经济增长质量的过程中，一是在损害生态环境的同时，要不断改造、修复环境系统，提高环境建设能力（袁晓玲等，2018），二是调整能源消费结构，构建清洁低碳、安全高效的能源体系（李政大等，2017）。基于此，本研究将环境建设和能源消费引入生产技术，并进一步将能源消费分为非清洁能源和清洁能源，即每一个决策单元（DMU）有 5 个投入要素（物质资本 K、人力资本 L、环境建设 EC、非清洁能源 NE 和清洁能源 CE）和 2 种产出（合意产出 - 地区生产总值 Y 和非合意产出 - 环境污染 EP）。

Luenberger 生产率指标具有基于差分的相加结构，全要素生产率指标与分项要素的动态绩效指标之间具有加权平均或算数平均的关系，更适用于构建分项要素的全要素生产率指标来刻画总体绩效与分项要素绩效之间的内在逻辑关系（李兰冰和刘秉镰，2015，袁晓玲和贺斌，2018）。为构建生态全要素生产率模型，实现测度分项生产要素对生态全要素生产率变动的贡献，本研究将非

① 本节参见已发表论文：Zhengda Li，Dong Li，Wanping Yang，Xiaoyan Qi. The spatial-temporal evolution and spatial convergence of ecological total factor productivity in China ［J］. Energy & Environment，2020，31（5）：1－23.

径向投入导向型方向性距离函数与 Luenberger 生产率指数相结合，构建 SLP（sequential input-oriented luenberger productivity indicator）生产率指数，既有效避免了长时间内技术进步趋势而导致的生产边界凹陷现象，也能使分项要素变化对总体绩效变化的贡献度分解成为可能。

根据法尔（Fare，2007）定义的环境技术（environmental technology），建立一个包括投入、期望产出（“好”产出）与非期望产出（“坏”产出）的生产可能性集（李婧等，2013）。假设某一个生产系统中有 n 个决策单元（Decision Making Unit，DMU），使用 m 种要素投入，生产出 r_1 种期望产出，同时生产出 r_2 种非期望产出。投入向量 x、期望产出 y^g、非期望产出 y^b 对应的向量分别表示为 $x \in R_m$，$y^g \in R_{r_1}$，$y^b \in R_{r_2}$。定义 $X = (x_{ij}) \in R_{m \times n}$，$Y^g = (y_{ij}^b) \in R_{r_1 \times n}$，$Y^b = (y_{ij}^b) \in R_{r_2 \times n}$。假定 $X > 0$，$Y^g > 0$，$Y^b > 0$，包含非合意产出的生产技术模型可定义为：

$$P(x) = \{(x, y^g, y^b) \mid x \geqslant X\lambda, y^g \geqslant Y^g\lambda, y^b \geqslant Y^b\lambda, \sum_{i-1}^{n} \lambda = 1, \lambda \geqslant 0\} \tag{4-1}$$

式（4-1）中，λ 为权重变量，且 $\lambda \geqslant 0$，$x \geqslant X\lambda$ 表示实际投入大于前沿投入水平，$y^g \geqslant Y^g\lambda$ 表示实际的期望产出低于前沿“好”产出水平，$y^b \geqslant Y^b\lambda$ 表示实际的非期望产出大于前沿非期望产出。

假设每个决策单元 n 在每一个时期 T 都使用 m 种投入和 s 种产出，则决策单元 j 在第 t 时期内的第 i 种投入 r 种产出分别为 x_{ij}^t、y_{ij}^t。在此设定条件下，引入 Färe-Lovell 效率测度方法构造生产前沿面，则决策单元 o 在第 t 时期的投入导向性方向性距离函数表示为：

$$\vec{D}_t(x^t, y^t) = \max \frac{1}{m}(\beta_1 + \cdots + \beta_m)$$

$$\text{s. t.} \begin{cases} \sum_{j=1}^{n} \lambda_j x_{ij}^t \leqslant x_{io}^t(1 - \beta_i) \\ \sum_{j=1}^{n} \lambda_j y_{rj}^t \geqslant y_{ro}^t \\ \lambda_j \geqslant 0, \beta_j \geqslant 0 \end{cases} \tag{4-2}$$

式（4-2）中，λ_j 是一个正的 $n \times 1$ 权重向量，用于构造一个决策单元投入和产出的相联系的凸集合。β_i 是一个测度达到有效水平时第 i 种投入收缩的比例。因而当冗余变量都为 0 时，即 $\beta_1 = \cdots = \beta_m = 0$，则决策单元 o 位于强有效前沿面上。将方程（4-2）中 t 替换为 t+1 即可计算出 $\vec{D}_{t+1}(x^{t+1}, y^{t+1})$，同样也可以计算出$\vec{D}_t(x^{t+1}, y^{t+1})$和$\vec{D}_{t+1}(x^t, y^t)$，与上述两个函数不同，这两个跨时期方向性距离函数不需要满足大于等于0的条件。为计算全要素视角下的生产率，将β_i定义为$\vec{D}_{it}(x^t, y^t)$，即相当于全要素框架下t时期的第i种投入的方向性距离函数。至此，SLP生产率指标就可以表示为：

$$SLP_{it}^{t+1} = \frac{1}{2}\{[\vec{D}_{it}(x^t, y^t) - \vec{D}_{it}(x^{t+1}, y^{t+1})] + [\vec{D}_{it+1}(x^t, y^t) - \vec{D}_{it+1}(x^{t+1}, y^{t+1})]\} \quad (4-3)$$

当SLP生产率指数大于、等于或小于0，则意味着时期t与时期t+1之间，第i种投入的生产率发生了进步、不变和退步。基于传统的Luenberger生产率指数，SLP生产率指数可以被分解为两个部分：效率变动和技术变动，效率变动反映的是第i种投入的相对效率变化，技术变动则反映前沿面的移动。

$$SLPEC_{it}^{t+1} = \vec{D}_{it}(x^t, y^t) - \vec{D}_{it+1}(x^{t+1}, y^{t+1}) \quad (4-4)$$

$$SLPTC_{it}^{t+1} = \frac{1}{2}\{[\vec{D}_{it+1}(x^{t+1}, y^{t+1}) - \vec{D}_{it}(x^{t+1}, y^{t+1})] + [\vec{D}_{it+1}(x^t, y^t) - \vec{D}_{it}(x^t, y^t)]\} \quad (4-5)$$

进一步，由于$D_t(x^t, y^t)$等于所有投入距离函数的算数平均，以此就可以将单个投入要素的生产率加总为全要素生产率变化：

$$\begin{aligned} SLP_t^{t+1} &= SLPEC_t^{t+1} + SLPTC_t^{t+1} \\ &= \frac{1}{M}(SLPEC_1 + \cdots + SLPEC_M) + \frac{1}{M}(SLPTC_1 + \cdots + SLPTC_M) \\ &= \frac{1}{M}(SLP_1 + SLP_2 + \cdots + SLP_M) \end{aligned} \quad (4-6)$$

二、要素生产率模型构建

为构建要素生产率模型，将第i种投入要素在t时期内的方向性距离函数定义为$\vec{D}_{it}(x^t, y^t)$，则$\vec{D}_{it}(x^t, y^t)$表示在全要素的框架下第i种投入的方向性距离函数，即$\vec{D}_t$是所有要素距离函数$\vec{D}_{it}$的算术平均值，说明全要素生产率指标与单一要素生产率指标之间具有算术平均的关系。进而SLP_t^{t+1}可以依据投入要素种类分别测算各单一要素生产率，在本章的研究中，投入要素包括：物质资本、人力资本、环境建设、非清洁能源和清洁能源5种，故可分别构建资本要素、劳动要素、环境建设要素、非清洁能源要素以及清洁能源要素的投入导向型方向性距离函数：

$$SLP_{Kt}^{t+1} = \frac{1}{2}\{[\vec{D}_{Kt}(x^t, y^t) - \vec{D}_{Kt}(x^{t+1}, y^{t+1})]$$

$$+[\vec{D}_{Kt+1}(x^t, y^t)-\vec{D}_{Kt+1}(x^{t+1}, y^{t+1})]\} \quad (4-7)$$

$$SLP_{Lt}^{t+1}=\frac{1}{2}\{[\vec{D}_{Lt}(x^t, y^t)-\vec{D}_{Lt}(x^{t+1}, y^{t+1})]$$
$$+[\vec{D}_{Lt+1}(x^t, y^t)-\vec{D}_{Lt+1}(x^{t+1}, y^{t+1})]\} \quad (4-8)$$

$$SLP_{ECt}^{t+1}=\frac{1}{2}\{[\vec{D}_{ECt}(x^t, y^t)-\vec{D}_{ECt}(x^{t+1}, y^{t+1})]$$
$$+[\vec{D}_{ECt+1}(x^t, y^t)-\vec{D}_{ECt+1}(x^{t+1}, y^{t+1})]\} \quad (4-9)$$

$$SLP_{NEt}^{t+1}=\frac{1}{2}\{[\vec{D}_{NEt}(x^t, y^t)-\vec{D}_{NEt}(x^{t+1}, y^{t+1})]$$
$$+[\vec{D}_{NEt+1}(x^t, y^t)-\vec{D}_{NEt+1}(x^{t+1}, y^{t+1})]\} \quad (4-10)$$

$$SLP_{CEt}^{t+1}=\frac{1}{2}\{[\vec{D}_{CEt}(x^t, y^t)-\vec{D}_{CEt}(x^{t+1}, y^{t+1})]$$
$$+[\vec{D}_{CEt+1}(x^t, y^t)-\vec{D}_{CEt+1}(x^{t+1}, y^{t+1})]\} \quad (4-11)$$

根据上述分析，$\vec{D}_t$ 是所有投入要素距离函数$\vec{D}_{it}$的算数平均数，因此资本生产率 SLP_{Kt}^{t+1}、劳动生产率 SLP_{Lt}^{t+1}、环境建设生产率 SLP_{ECt}^{t+1}、非清洁能源生产率 SLP_{NEt}^{t+1}和清洁能源生产率 SLP_{CEt}^{t+1}与生态全要素生产率 SLP_t^{t+1} 之间具有以下的“分—总”逻辑关系：

$$SLP_t^{t+1}=\frac{SLP_{Lt}^{t+1}+SLP_{Ct}^{t+1}+SLP_{ECt}^{t+1}+SLP_{NEt}^{t+1}+SLP_{CEt}^{t+1}}{5} \quad (4-12)$$

$$SLPEC_t^{t+1}=\frac{SLPEC_{Lt}^{t+1}+SLPEC_{Ct}^{t+1}+SLPEC_{ECt}^{t+1}+SLPEC_{NEt}^{t+1}+SLPEC_{CEt}^{t+1}}{5} \quad (4-13)$$

$$SLPTC_t^{t+1}=\frac{SLPTC_{Lt}^{t+1}+SLPTC_{Ct}^{t+1}+SLPTC_{ECt}^{t+1}+SLPTC_{NEt}^{t+1}+SLPTC_{CEt}^{t+1}}{5} \quad (4-14)$$

为了进一步测度生态效率、技术效率以及各分项要素生产率对全国和不同地区的生态全要素生产率增长的贡献度，本研究采用实际 GDP（基期为 2000 年）加权法来测算全国和不同地区的生态全要素生产率分解贡献份额，再对其进行归一化处理，公式为：

$$\frac{\Delta SLP_t^{t+1}}{SLP_i^t}=\sum_i^m\left(\frac{y_i^t}{Y^t}\right)\frac{SLPEC_t^{t+1}}{SLP_i^t}+\sum_i^m\left(\frac{y_i^t}{Y^t}\right)\frac{SLPTC_t^{t+1}}{SLP_i^t}$$
$$=\sum_i^m\left(\frac{y_i^t}{Y^t}\right)\frac{SLP_{Kt}^{t+1}}{SLP_i^t}+\sum_i^m\left(\frac{y_i^t}{Y^t}\right)\frac{SLP_{Lt}^{t+1}}{SLP_i^t}+\sum_i^m\left(\frac{y_i^t}{Y^t}\right)\frac{SLP_{ECt}^{t+1}}{SLP_i^t}$$
$$+\sum_i^m\left(\frac{y_i^t}{Y^t}\right)\frac{SLP_{NEt}^{t+1}}{SLP_i^t}+\sum_i^m\left(\frac{y_i^t}{Y^t}\right)\frac{SLP_{CEt}^{t+1}}{SLP_i^t} \quad (4-15)$$

式中，m 为各地区内的省份数量，y_i^t 表示不同地区 t 期 i 省份的产出 y，Y^t 表示不同地区 t 期总产出 Y。

第二节 指标选取与数据来源①

本研究选取除西藏和港澳台之外 30 个省（区、市）2000～2018 年的数据，数据来源于 2001～2019 年《中国统计年鉴》《中国环境统计年鉴》以及各省（区、市）历年统计年鉴。

1. 物质资本存量（K）

资本存量是衡量一个国家或地区物质资本变量的指标，哥尔德斯密斯（Goldsmith，1951）的永续盘存法是最常用的一种资本存量计算方法，其估计公式可以表达为：

$$K_t = K_{t-1}(1-\delta) + I_t \tag{4-16}$$

式（4－16）中，K_t 是本期资本存量，K_{t-1} 是上期资本存量，δ 是经济折旧率，I_t 为当年固定资产增加额。需要确定初始周期也就是第一期的资本存量 K，以后各期的资本存量就可以根据当年的投资额 I、经济折旧率 δ 逐一计算得出。参照张军（2004）的研究方法，将 1952 年作为资本存量计算的初始周期，即第一年，在他的研究基础上，选择固定资本形成总额作为当年固定资产增加额 I_t，利用投资价格指数将每年固定资产增加额折算为 2000 年的不变价，再按照（4－16）计算出各年的资本存量。各个地区、各年的折旧率统一按照 9.6% 进行计算。

2. 人力资本存量（L）

人力资本是指具有知识技能、劳动经验、技术价值的劳动力的综合，提高人力资本的关键因素是提高人口素质，教育则是主要途径，因此本研究借鉴张健华（2012）的计算方法，将人力资本定义为劳动数量与质量的集合。

$$Hr = lab \times edu \tag{4-17}$$

$$edu = p_1 \times 15.5 + p_2 \times 12 + p_3 \times 9 + p_4 \times 6 \tag{4-18}$$

式（4－18）中，Hr、lab、edu 分别是各省人力资本总量、从业人员、平均受教育年限；p_1、p_2、p_3、p_4 分别是大专以上学历人口比重、高中学历人口

① 本节参见已发表论文：Zhengda Li，Dong Li，Wanping Yang，Xiaoyan Qi. The spatial-temporal evolution and spatial convergence of ecological total factor productivity in China［J］. Energy & Environment，2020，31（5）：1－23.

比重、初中学历人口比重、小学学历人口比重。数据来源于各年《中国统计年鉴》《中国人口统计年鉴》。

3. 自然资源资本

为便于计算，本研究的自然资源主要指能源。强可持续理论要求自然资源资本总量非减性发展，调整能源结构，增加可再生能源的生产和消费，降低不可再生能源的生产和消费。因此本研究将能源投入指标区分为清洁能源和非清洁能源投入。

（1）清洁能源消费量（CE）。清洁能源包括太阳能、风力、水力、生物质能、波浪能、潮汐能、电力和天然气等能源，统一折算成万吨标准煤的能源消费量，它包括光能、水力、风力电能，潮汐能、地热能、声能等。受数据所限，本章采用的清洁能源主要为天然气、电力能源（包括太阳能、风电、水电、地热能，核能发电等）。各项数据来源于各年《中国统计年鉴》《中国能源统计年鉴》《中国电力统计年鉴》《中国环境统计年鉴》和各省统计年鉴。

（2）非清洁能源消费量（NE）。非清洁能源包括原煤、洗精煤、其他洗煤、型煤、焦炭、其他焦化产品、原油、汽油、煤油、柴油、燃料油、石脑油、润滑油、石蜡、溶剂油、石油沥青、石油焦、其他石油制品，统一折算成万吨标准煤的能源消费量。数据来源于《中国统计年鉴》和《中国能源统计年鉴》。

4. 环境建设指数（EC）

为全面衡量环境建设水平、体现加强生态环境建设的现实性意义，本研究分别从生态空间建设、工业污染治理和生活污染建设三个层面选取了18个指标来衡量。具体指标包括人均绿地面积、城市平均相对湿度、年降水量、城市建成区绿化覆盖率、区域自然保护区占比、水土流失治理面积、人均水资源量、湿地面积、工业用水达标排放率、工业粉尘达标排放率、工业固体废弃物处置率、二氧化硫去除率、环境治理投资占比、烟尘控制区建成面积占比、高污染禁燃区面积占比、生活垃圾无害化处理率、城市生活污水处理率、噪声达标区面积比重，运用纵横向拉开档次法合成环境建设指数。数据来源于历年《中国环境统计年鉴》和各省（区、市）的统计年鉴。本指数即第三章中计算出的环境建设指数（EMI）。

5. 合意产出—地区生产总值（GDP）

以2000年为基期对各省（区、市）的GDP进行了平减处理，数据来源于历年《中国统计年鉴》。

6. 非合意产出—环境损害指数（EP）

为全面衡量环境污染水平，本研究分别从工业污染、农业污染、生活污染等三个层面选取了 15 个指标，具体包括工业废水排放量、工业废气排放量、工业烟粉尘排放量、二氧化硫排放量、工业固体废弃物产生量、工业氮氧化物排放量、化学需氧量、氨氮排放量、化学需氧量、生活垃圾清运量、生活废水排放量、二氧化碳排放量、化肥施用量、农药使用量、区域环境噪声监测等级，运用纵横向拉开档次法合成环境损害指数。数据来源于历年《中国环境统计年鉴》和各省（区、市）的统计年鉴。本指数即第三章中计算出的环境污染指数（EPI）。各投入、产出要素的统计性描述见表 4 – 1。

表 4 –1　各投入、产出要素的统计性描述

指标名称	样本数量	平均值	标准差	最小值	最大值
地区生产总值（GDP）	570	9844.122	9941.134	263.680	62041.290
环境损害指数（EP）	570	0.276	0.126	0.117	0.647
物质资本存量（K）	570	28031.020	26186.290	1569.700	152042.400
人力资本存量（L）	570	21055.040	14221.660	1585.818	59998.760
清洁能源消费量（CE）	570	5494.997	4753.326	197.960	26362.310
非清洁能源消费量（NE）	570	22780.850	254167.300	194.892	5914186.000
环境建设指数（EC）	570	0.454	0.109	0.194	0.718

资料来源：笔者收集整理。

第三节　生态全要素生产率增长测度

可持续发展战略是中国生态全要素生产率增长的重要制度变量（李兰冰和刘秉镰，2015）。2001 ~2018 年，中国可持续发展战略经历了由弱可持续向强可持续的重大转折。2002 年党的十六大将“可持续发展能力不断增强”作为全面建设小康社会的目标之一；2007 年党的十七大将科学发展观写入党章，提出建设环境友好型和资源节约型社会，加快推进经济发展方式转变；2012 年党的十八大将生态文明纳入“五位一体”的总体布局，提出加快建立系统完整的生态文明制度体系，以严格的法律制度保护生态环境。

2001 ~2007 年，以工业化加速为主线，推进以经济建设为中心的可持续发展能力的不断增强，凸显弱可持续下增长优先的特征；2008 ~2012 年，以两型社会建设为主线，推进经济社会发展与人口资源环境协调发展，凸显弱可持续向强可持续转型的特征；2013 ~2018 年，以生态文明建设为主线，推进全面协调可持续的科学发展，凸显强可持续下经济高质量发展的特征。因而依据可持续发展战略导向将样本期间细分为“2001～2007年”“2008～2012年”“2013～2018年”三大时期，进而识别可持续发展战略的有效性和生态全要素生产率增长的阶段性特征。

一、要素生产率增长测度

如表4-2所示，2001～2018年，一方面资本、劳动、环境建设、非清洁能源和清洁能源的生产率均有所提升，劳动生产率年均增长9.637%，依次领先于环境建设、非清洁能源、资本和清洁能源；生态效率均出现下滑，环境建设的效率变动降幅最大，累计达到-101.40%，其他因素的累计降幅稳定在40%以下；技术效率均出现较大幅度的提升，环境建设的技术效率累计增长最高，劳动、非清洁能源、资本和清洁能源次之。另一方面，要素生产率增长呈现“U”型阶段性波动下降趋势，2001～2007年，各项要素生产率增长稳定且波动幅度较小；2008～2012年，劳动、环境建设、非清洁能源的生产率波动幅度增大，生态效率和技术效率的下降趋势明显；2013～2018年，劳动、环境建设、非清洁能源和清洁能源的生产率开始出现稳步上升，技术效率的增长趋势明显。

资本投入是促进中国经济增长的重要因素，2001～2007年、2008～2012年和2013～2017年中国固定资本存量年均增速分别为7.99%、14.54%和10.20%，而资本生产率同期增速分别为4.478%、1.659%和-1.103%，资本投入的增加并未驱动资本生产率的加速增长。2001～2012年，资本生产率增长呈现出“东部—西部—中部”依次递减规律，说明东部在维持对资本吸引力的同时资本利用效率也在快速提升，西部资本存量相对稀缺，资本边际效应对资本生产率增速产生一定影响，使其快于中部。2013～2018年，资本生产率呈现出“东部—中部—西部”依次递减规律，中部、西部生态效率增速明显下滑使得区域间的资本生产率差距扩大。这与刘瑞翔和安同良（2012）、尹向飞和段文斌（2016）、刘华军和李超（2018）的研究结论一致。究其原因，可能由于一方面随着中国市场化程度的提高和经济实力的增强，资本的边际报酬递减，进而引起资本生产率增速放缓；另一方面，投资扭曲的资本配置性问题越来越突出，基础投资规模的爆发式增长挤占了工业制造业的资本投入，进而削弱了资本生产率的增长（宋建和王静，2018），如2008年实施4万亿元投资计划，形成了基础设施巨额的资本增量，进而导致钢铁、化工等行业的资本闲置和产能过剩。

表 4－2 不同时期要素生产率及其分解项的年均增长率

单位：%

项目	全样本期（2001～2018 年）			工业化加速期（2001～2007 年）			两型社会建设期（2008～2012 年）			生态文明建设期（2013～2018 年）		
资本	SLP_K	$SLPEC_K$	$SLPTC_K$	SLP_K	$SLPEC_K$	$SLPTC_K$	SLP_K	$SLPEC_K$	$SLPTC_K$	SLP_K	$SLPEC_K$	$SLPTC_K$
全国	2.007	－1.350	3.357	4.478	－2.906	7.385	1.659	1.040	0.618	－1.103	－1.561	0.458
东部	3.973	－0.260	4.233	5.591	－1.667	7.258	4.529	1.582	2.947	1.151	－0.133	1.284
中部	－1.338	－2.847	1.508	1.791	－4.596	6.387	－3.171	－0.300	－2.871	－3.888	－2.945	－0.943
西部	－0.083	－3.015	2.932	4.293	－4.887	9.180	－1.673	0.928	－2.601	－4.620	－4.338	－0.283
劳动	SLP_L	$SLPEC_L$	$SLPTC_L$	SLP_L	$SLPEC_L$	$SLPTC_L$	SLP_L	$SLPEC_L$	$SLPTC_L$	SLP_L	$SLPEC_L$	$SLPTC_L$
全国	9.637	－2.100	11.737	13.400	－1.835	15.236	7.929	－6.116	14.045	6.077	1.546	4.531
东部	5.983	0.036	5.947	6.619	1.266	5.353	5.683	－3.758	9.441	5.392	2.108	3.284
中部	15.978	－6.990	22.968	27.801	－9.411	37.212	8.542	－10.768	19.310	6.863	0.179	6.684
西部	13.180	－2.911	16.091	16.551	－1.921	18.471	14.972	－7.597	22.569	6.670	0.388	6.281
环境建设	SLP_{EC}	$SLPEC_{EC}$	$SLPTC_{EC}$	SLP_{EC}	$SLPEC_{EC}$	$SLPTC_{EC}$	SLP_{EC}	$SLPEC_{EC}$	$SLPTC_{EC}$	SLP_{EC}	$SLPEC_{EC}$	$SLPTC_{EC}$
全国	9.321	－5.965	15.286	10.058	－9.322	19.380	－0.542	－10.329	9.788	18.152	3.100	15.052
东部	17.471	－4.314	21.785	16.006	－8.900	24.906	15.163	－4.539	19.703	21.830	2.331	19.499
中部	－4.588	－9.280	4.691	－1.637	－10.528	8.891	－25.298	－19.752	－5.547	11.990	2.940	9.050
西部	－0.146	－8.015	7.869	5.361	－9.274	14.635	－21.122	－17.691	－3.431	13.120	3.423	9.697
非清洁能源	SLP_{NE}	$SLPEC_{NE}$	$SLPTC_{NE}$	SLP_{NE}	$SLPEC_{NE}$	$SLPTC_{NE}$	SLP_{NE}	$SLPEC_{NE}$	$SLPTC_{NE}$	SLP_{NE}	$SLPEC_{NE}$	$SLPTC_{NE}$
全国	8.516	－0.552	9.068	7.620	－3.077	10.696	8.281	1.069	7.213	10.005	1.362	8.642
东部	6.337	－0.443	6.780	5.532	－1.737	7.269	7.650	1.109	6.540	6.152	－0.183	6.335

续表

项目	全样本期（2001～2018年）			工业化加速期（2001～2007年）			两型社会建设期（2008～2012年）			生态文明建设期（2013～2018年）		
非清洁能源	SLP_{NE}	$SLPEC_{NE}$	$SLPTC_{NE}$	SLP_{NE}	$SLPEC_{NE}$	$SLPTC_{NE}$	SLP_{NE}	$SLPEC_{NE}$	$SLPTC_{NE}$	SLP_{NE}	$SLPEC_{NE}$	$SLPTC_{NE}$
中部	13. 238	-0. 170	13. 408	15. 945	-4. 480	20. 425	8. 737	1. 922	6. 815	13. 949	3. 771	10. 178
西部	9. 244	-1. 260	10. 504	2. 950	-5. 633	8. 583	9. 843	-0. 082	9. 925	17. 457	3. 682	13. 775
清洁能源	SLP_{CE}	$SLPEC_{CE}$	$SLPTC_{CE}$	SLP_{CE}	$SLPEC_{CE}$	$SLPTC_{CE}$	SLP_{CE}	$SLPEC_{CE}$	$SLPTC_{CE}$	SLP_{CE}	$SLPEC_{CE}$	$SLPTC_{CE}$
全国	0. 480	-0. 974	1. 454	-0. 615	-0. 555	-0. 060	0. 857	-1. 339	2. 196	1. 634	-1. 196	2. 831
东部	0. 488	-0. 509	0. 997	-0. 268	-0. 579	0. 311	1. 366	-0. 311	1. 677	0. 667	-0. 609	1. 276
中部	0. 150	-0. 138	0. 288	-0. 420	0. 611	-1. 031	0. 081	-1. 086	1. 167	1. 019	-0. 237	1. 256
西部	0. 779	-3. 667	4. 446	-2. 102	-2. 132	0. 029	0. 201	-5. 083	5. 284	5. 391	-4. 400	9. 791

资料来源：MaxDEA 输出。

人口红利是中国经济发展的主要驱动力。2001～2018 年，中国劳动生产率的年均增速约为 9.64%，增速最快且阶段特征明显，由技术效率单一驱动逐渐转变为生态效率和技术效率双轮驱动。中部、西部地区劳动生产率增速较快，依次高于全国平均和东部。值得关注的是，2013～2018 年东部、中部、西部地区技术效率增速下滑明显，进而使劳动生产率增速出现下降。究其原因，一是东部产业结构优化升级引致的产业间和地区间的劳动要素转移，中部、西部基础设施的不断健全，公共服务水平的提升以及工作机遇的增多也在驱动着人力资源的回流和集聚（李兰冰、刘秉镰，2015）。二是人均受教育年限和高等教育的扩招进一步提升了人口的创造力和生产效率（李政大等，2017）。2001～2018 年，中国人均受教育年限由 7.11 年提升到 9.17 年，大专以上学历人口由 2000 年的 5.27% 增长到 2018 年的 18.34%。三是人力资本水平的上升有利于加速技术模仿、技术追赶和技术扩散，推进知识创新能力和应用能力的增强。

环境建设是党的十八大以来新发展理念下中国经济增长的新动力。2001～2018 年中国环境建设生产率年均增速约为 9.32%，阶段性波动明显，技术效率提升是其增长的主要动因。2001～2007 年环境建设生产率年均增速约为 10.06%，东部、中部、西部地区分别约为 16.00%、-1.637 和 5.36%。2008～2012 年环境建设生产率年均增速 -0.54%，东部、中部、西部地区分别约为 15.16%、-25.30% 和 -21.12%。2014～2018 年环境建设生产率年均增速约为 18.15%，东部、中部、西部地区分别约为 21.83%、11.99% 和 13.12%。由此可见，一是环境建设生产率出现“东部—西部—中部”的增长梯度，东部一直以来环境建设生产率都处于全国平均水平之上，可持续发展理念转变快，产业结构优化程度高，助推着环境建设生产率平稳增长，这也能反映发展理念与产业结构会拉大区域环境建设生产率的差距。二是 2001～2012 年间中部、西部地区经济增长以牺牲环境为代价实现高速发展，而进入“十二五”时期后，中部、西部地区在推进生态文明建设的战略部署下逐渐实现产能转移和产业结构优化调整，环境建设生产率逐步提升，正在成为生态全要素生产率增长的重要动力（刘华军和李超，2018）。三是从弱可持续到强可持续转型，生态效率增速是主要动因，2013～2018 年生态效率均实现正增长，且维持着“西部—中部—东部”的增长梯度，说明中部、西部地区环境建设水平的切实改善能有效转变环境建设生产率增长格局，为经济增长提供新动能。

能源效率是制约经济增长的硬约束，节能减排和调整能源结构也是实现可持续发展的重要内容。2001～2018 年，中国非清洁能源消费量年均增速

6.54%，清洁能源消费量年均增速1.43%。同期非清洁能源生产率年均增速约为8.05%，清洁能源生产率年均增速约为0.47%，非清洁能源生产率高于其消耗量的年均增速，而清洁能源生产率年均增速远远落后于其消耗量的年均增速。这也能反映出中国尚未实现能源由低效率向高效率的转型，能源生产率提升和能源结构的转变仍然任重而道远（陈诗一和陈登科，2017）。各地区的非清洁和清洁能源生产率增长主要源于技术效率提升，区域间尚未出现“追赶”效应，东部地区的非清洁和清洁能源技术效率提升速度低于中部、西部地区，而中部、西部地区非清洁和清洁能源生产率增速加快。究其原因，一方面西部大开发、东北地区振兴和中部地区崛起等战略推动地区工业化和城镇化进程，由此带来污染工业转移和地区能源消耗的增加（李兰冰，2015）；另一方面，中部、西部地区产业结构在逐渐转变，高能耗高污染的能源型企业转型升级的速度不断加快，经济增长绩效的提升较为明显，东部地区由于其产业结构倾向于高新技术和服务业，能源生产率对区域生态全要素生产率增长的促进效益下降。

二、生态全要素生产率增长测度

2001～2018年，中国生态全要素生产率年均增长5.90%，累计增长100.24%，其中，生态效率和技术效率年均分别增长－2.26%和8.15%，分别累计增长－38.39%和138.63%。本研究发现生态全要素生产率呈现“U”型阶段性波动下降趋势，2001～2007年，SLP年均约增长6.98%，这一时期生态全要素生产率增长较快，技术效率加速提升是主要原因，这是由于开放性经济的发展释放了经济体制改革的红利，而经济体制的结构性矛盾促使技术转移和扩散加剧，进而提升生态全要素生产率；2008～2012年，SLP年均约增长3.64%，这一时期生态全要素增长降幅明显，生态效率持续恶化和技术效率增速下降是主要原因，是由于粗放型经济增长模式还未得到根本性转变，生态效率恶化仍在加剧，而国际金融危机严重冲击了加工贸易产业，技术效率也由于外资流入的整体回落出现大幅度收缩，进而导致经济增长绩效的下降；2013～2018年，SLP年均约增长6.63%，这一时期经过长时间的经济高速增长，已经面临经济增速换挡和结构调整的关键期，党的十八大以后强调推进生态文明建设和转变增长动力，因而生态效率和技术效率都出现改善，生态全要素生产率正在伴随着强可持续发展理念的贯彻落实和生产效率的进一步提高而不断提升（见图4－1）。

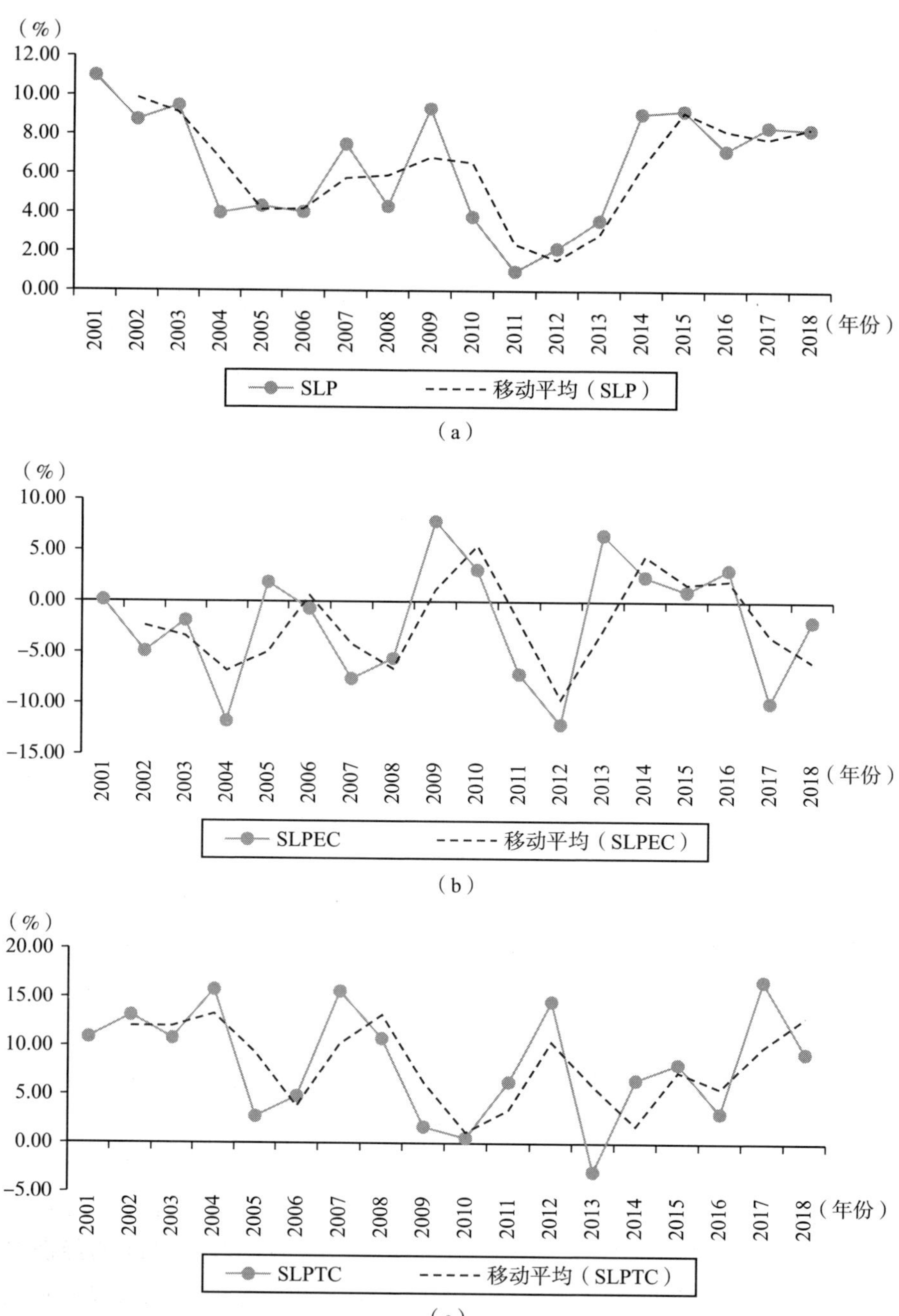

图 4-1 中国生态全要素生产率增长趋势

资料来源：笔者自绘。

统筹区域协调发展是中国重要的经济发展规划，其目的在于形成地区间分工合理、相互促进、优势互补的区域产业结构，实现区域之间协调发展。如表4－3所示，2001～2018年，东部、中部和西部地区的生态全要素生产率均呈现增长的趋势，年均增长率约为6.85%、4.69%、4.59%。这说明一方面东部地区生态全要素生产率增长率较高，长期以来高居首位且波动幅度较小，生产率竞争优势显著。中部、西部地区生态全要素生产率增长率低于全国平均水平，且波动幅度较大，发展相对滞后，逐渐陷入经济增长总量和经济增长质量双重落后的困局（李兰冰和刘秉镰，2015）。另一方面，东部与中部、西部地区发展差距逐渐增大，生态全要素生产率累计增长幅度在扩大，地区间经济增长质量的结构性差距上升。分时期来看，区域间并未出现预期的协调发展的趋势，东部与中部、西部地区的生产率落差逐渐扩大。2001～2007年，以西部大开发为标志的区域协调发展战略开始实施，但长期以来区域政策和投资布局倾向于生产效率较高的东部地区，因而东部地区生态全要素增长率迅速发展，区域不均衡发展的形势最为明显。中部、西部地区生态全要素增长率低于全国平均水平，但其技术效率存在向前沿面的追赶效应，这说明区域发展战略导向下区域间产业转移逐渐频繁，中部、西部作为东部的产业转移地，技术效率开始快速提高。2008～2012年，金融危机后中部、西部地区的生态全要素生产率增速下滑，低于全国平均水平，而东部地区维持着生态全要素生产率的正向增长，这说明在经济冲击下中部、西部地区生产率下降幅度更大，生产效率较低且抗压能力差，东部地区相对生产效率更高，产业布局更加合理，对经济冲击的应对能力更强。2013～2018年，新常态下虽然经济增速放缓，但生态全要素生产率实现年均约6.63%的增幅，且生态效率和技术效率都出现了快速增长的趋势，经济发展方式转型优势在逐渐凸显。东部和西部地区生态全要素增长率快于全国平均水平，说明东部仍然维持着生态全要素生产率的增长优势，产业结构的高端高质和要素集聚的高效高新特征仍然显著。而西部地区经济活力不断增强，劳动力和能源等要素禀赋进一步凸显，相对发展速度加快。中部地区滞后于全国平均水平，这与中部地区要素规模扩张而要素绩效增长较慢息息相关，推进生产要素结构优化和效率提升仍然任务艰巨。

由此可见，一方面统筹区域协调发展是实现区域协调发展的重要推动力。各地区间的经济基础、社会意识和地理环境都有着较大的差异。东部地区比中部、西部地区站在更高的改革起点，地区发展理念，政策引导、市场经济、全球化和人力资本结构等要素结构都显著优于中部、西部地区，这也是造成区域间差距依旧在扩大的主要因素（郑江淮等，2018）。另一方面地区产业差距是制约中部、

表 4 – 3 不同时期中国各区域生态全要素生产率年均增长率

单位：%

区域	全样本期（2001 ~ 2018 年）			工业化加速期（2001 ~ 2007 年）			两型社会建设期（2008 ~ 2012 年）			生态文明建设期（2013 ~ 2018 年）		
	SLP	SLPEC	SLPTC	SLP	SLPEC	SLPTC	SLP	SLPEC	SLPTC	SLP	SLPEC	SLPTC
全国	5. 897	−2. 258	8. 155	6. 988	−3. 539	10. 527	3. 637	−3. 135	6. 772	6. 628	0. 412	6. 216
东部	6. 850	−1. 098	7. 948	6. 696	−2. 323	9. 019	6. 878	−1. 183	8. 062	7. 038	0. 703	6. 336
中部	4. 688	−3. 885	8. 573	8. 696	−5. 681	14. 377	−2. 222	−5. 997	3. 775	5. 987	0. 742	5. 245
西部	4. 595	−3. 774	8. 368	5. 41	−4. 769	10. 18	0. 444	−5. 905	6. 349	7. 603	−0. 249	7. 852

资料来源：MaxDEA 输出。

西部地区追赶东部地区的主要因素。东部地区的产业升级和创新性迅速增强，中部、西部地区依靠东部地区的产业转移来实现经济增长质量提升的成本和难度在加大（李兰冰和刘秉镰，2015）。更重要的是，中部、西部地区能否因地制宜，制定合理的经济发展战略来促进市场经济体制改革、提升经济自由化水平，进而释放经济增长活力。

第四节　生态全要素生产率增长的要素贡献

本研究构建了“分—总”的研究逻辑，建立起了要素生产率与生态全要素生产率之间的联系桥梁，形成了“要素生产率—生态全要素生产率—要素贡献度”的分析框架，本部分将研究中国生态全要素生产率增长的地区差异和阶段性差异，识别要素生产率增长对生态全要素生产率增长的贡献。

一、生态全要素生产率增长的要素贡献

2001～2018年，劳动生产率增长对生态全要素生产率的贡献度最高，达到32.348%（见表4－4），依次高于环境建设、非清洁能源、资本、清洁能源，全国保持着“劳动—环境建设—非清洁能源—资本—清洁能源”的要素贡献度依次递减的分布格局。分阶段来看，2001～2007年，劳动生产率增长是全国层面和中部生态全要素生产率增长的主要动力，要素贡献度分别达到36.866%、59.979%、49.657%。非清洁能源生产率提升依旧是各地区经济增长的主要动力之一，这也与各地区的能源消费结构相吻合。2001～2007年中国非清洁能源消费量162.02亿吨标准煤，占能源消费总量的86.1%；2008～2012年，全国层面和东部资本的要素贡献度大幅下降，反映了金融危机后大量的物质资本存量并未转化为对经济增长的驱动效应（李兰冰和刘秉镰，2015）。全国层面和中部、西部地区劳动、清洁能源的要素贡献度提升，环境建设的要素贡献度出现大幅下滑，东部环境建设的要素贡献度大幅提升。究其原因，可能是由于这一时期东部环境建设的技术效率进步较快（尹向飞和欧阳峣，2019），经济发展开始注重内涵式增长，进一步释放了可持续增长潜力，而中部、西部地区则由于非清洁能源消费量上升使得环境污染进一步加剧。2013～2018年，环境建设生产率增长逐渐成为生态全要素生产率增长的主要驱动力，这与刘华军和李超（2017）的研究结论相似，环境建设的要素贡献

度不断上升。劳动和非清洁能源的要素贡献度下降，清洁能源的要素贡献度上升，这也说明了转变经济发展方式和推进生态文明建设的现实性意义日趋明显，经济增长与资源环境约束的紧张关系得到缓解，这与党的十八大以后提升经济增长质量，转变经济发展方式的初衷不谋而合（见表4-4）。

由此可见，一是劳动和非清洁能源生产率增长是推进中国生态全要素生产率增长的主要驱动力，把握人力资本和提升能源绩效对经济增长的结构调整和产业升级意义重大（李政大等，2017）；二是区域间的生态全要素增长率的要素贡献存在差异，东部地区依靠环境建设和劳动为核心驱动力，中部、西部地区则以劳动和能源为核心驱动力；三是环境建设和清洁能源的要素贡献度显著上升，资本和非清洁能源的要素贡献度不断下降，环境建设和劳动逐渐成为生态全要素生产率增长的核心要素驱动力。

表4-4 生态全要素生产率年均增长率及要素贡献度

单位：%

阶段	指数	全国地区	东部地区	中部地区	西部地区
全样本期（2001~2018年）	SLP	5.897	6.850	4.688	4.595
	资本贡献度	8.614	10.750	9.124	12.315
	劳动贡献度	32.348	17.114	29.971	35.725
	环境建设贡献度	25.620	53.508	27.728	16.718
	非清洁能源贡献度	29.450	18.629	24.638	24.608
	清洁能源贡献度	3.968	0.000	8.538	10.634
工业化加速阶段（2001~2007年）	SLP	6.988	6.696	8.696	5.410
	资本贡献度	13.397	16.825	6.636	17.025
	劳动贡献度	36.866	19.779	56.979	49.657
	环境建设贡献度	28.076	46.738	0.000	19.868
	非清洁能源贡献度	21.660	16.658	34.031	13.450
	清洁能源贡献度	0.000	0.000	2.355	0.000
两型社会建设阶段（2008~2012年）	SLP	3.637	6.878	-2.222	0.444
	资本贡献度	10.531	11.475	21.733	18.037
	劳动贡献度	40.545	15.662	0.356	33.472
	环境建设贡献度	0.000	50.063	0.000	0.000
	非清洁能源贡献度	42.230	22.800	62.114	28.716
	清洁能源贡献度	6.694	0.000	15.797	19.775

续表

阶段	指数	全国地区	东部地区	中部地区	西部地区
生态文明建设阶段（2013～2018年）	SLP	6.628	7.038	5.987	7.603
	资本贡献度	0.000	1.520	0.000	0.000
	劳动贡献度	17.826	14.832	21.776	18.472
	环境建设贡献度	47.802	66.431	32.160	29.026
	非清洁能源贡献度	27.576	17.217	36.127	36.122
	清洁能源贡献度	6.796	0.000	9.937	16.381

资料来源：笔者自制。

二、生态效率增长的要素贡献

2001～2018年，生态效率始终保持负增长，其中，环境建设的要素贡献度最高，达到52.543%，依次高于劳动、资本、清洁能源、非清洁能源（见表4－5）。分阶段来看，2001～2007年，各地区都保持着“环境建设—劳动—资本—非清洁能源—清洁能源”要素贡献度依次递减的分布特征，东部地区资本的要素贡献度为负值，而清洁能源的要素贡献度为正。这说明东部地区资本利用效率最高，且能源结构转型绩效明显，同期东部地区清洁能源消费量75.35万吨，单位能耗0.91，远低于中部、西部地区的1.21和1.76。2008～2012年，生态效率增长下滑，各地区要素贡献度的分布格局没有发生变化，但清洁能源的要素贡献度大幅上升，也说明经济冲击下能源结构转型势在必行。2013～2018年，生态效率正向增长，东部环境建设的要素贡献度进一步增长，中部、西部地区清洁能源要素贡献度大幅提升。由此可见，一方面全国生态效率差距不明显，区域间要素贡献度结构相似，劳动和环境建设成为制约和推进生态效率的提高的要素源泉；另一方面中部、西部地区劳动、资本、非清洁和清洁能源要素的贡献度变化较快，生态效率演进的多元要素驱动趋势越来越强。

表4－5　生态效率年均增长率及要素贡献度　单位：%

阶段	指标	全国地区	东部地区	中部地区	西部地区
全样本期（2001～2018年）	SLP	－2.258	－1.098	－3.885	－3.774
	资本贡献度	6.529	8.865	8.465	20.577
	劳动贡献度	21.852	23.540	27.530	12.268

续表

阶段	指标	全国地区	东部地区	中部地区	西部地区
全样本期（2001~2018年）	环境建设贡献度	52.543	49.526	40.070	37.675
	非清洁能源贡献度	14.736	9.808	17.380	11.601
	清洁能源贡献度	4.340	8.260	6.555	17.879
工业化加速阶段（2001~2007年）	SLPEC	-3.539	-2.323	-5.681	-4.769
	资本贡献度	15.759	16.342	16.550	20.827
	劳动贡献度	8.581	0.000	31.860	0.000
	环境建设贡献度	58.757	56.644	35.408	51.628
	非清洁能源贡献度	16.902	16.733	16.182	26.063
	清洁能源贡献度	0.000	10.281	0.000	1.482
两型社会建设阶段（2008~2012年）	SLPEC	-3.135	-1.183	-5.997	-5.905
	资本贡献度	0.134	0.000	5.612	0.000
	劳动贡献度	34.181	38.619	32.052	24.954
	环境建设贡献度	54.228	44.271	54.740	54.498
	非清洁能源贡献度	0.000	3.418	0.000	2.955
	清洁能源贡献度	11.456	13.691	7.597	17.593
生态文明建设阶段（2013~2018年）	SLPEC	0.412	0.703	0.742	-0.249
	资本贡献度	0.000	7.262	0.000	40.804
	劳动贡献度	28.102	41.418	16.948	16.759
	环境建设贡献度	42.159	44.817	31.926	1.317
	非清洁能源贡献度	26.441	6.503	36.436	0.000
	清洁能源贡献度	3.299	0.000	14.691	41.121

资料来源：笔者自制。

三、技术效率增长的要素贡献

2001~2018年，技术效率提升是驱动中国生态全要素生产率增长的核心动力，环境建设的要素贡献度最高，达到38.574%，依次高于劳动、非清洁能源、资本、清洁能源（见表4-6）。2001~2008年，全国和东部保持着“环境建设—劳动—非清洁能源—资本—清洁能源”的要素贡献度依次递减的分布特征，中部、西部地区的劳动贡献度较大。这说明中部、西部地区仍处于劳动生产率增长的红利期，劳动力潜力的挖掘是经济增长的核心动力（尹向飞和段文斌，2016）。2008～2012年，中部、西部地区环境建设的要素贡献度下滑，非清洁能源的要素贡献度上升。这说明了中部、西部地区粗放的经济增长模式下经济增长的资源环境代价仍存在扩大趋势。2013～2018年，环境建设成为技术效率提升的主要动力，劳动的要素贡献度显著下降，清洁能源的要素贡献度进一步提升。这说明一方面环境建设生产率增长正逐渐成为技术效率提升的核心驱动力，大力提高环境建设水平能显著推进生态全要素生产率的增长；另一方面，区域间技术进步的要素贡献度结构趋近，环境建设，劳动和非清洁能源的要素贡献的主体地位仍然显著（李兰冰，2015）。

表4-6　技术效率年均增长率及要素贡献度　单位：%

阶段	指标	全国地区	东部地区	中部地区	西部地区
全样本期（2001～2018年）	SLP	8.155	7.948	8.573	8.368
	资本贡献度	5.791	7.748	5.653	7.924
	劳动贡献度	28.831	14.256	43.377	35.347
	环境建设贡献度	38.574	61.054	14.803	19.066
	非清洁能源贡献度	22.907	16.942	29.840	25.138
	清洁能源贡献度	3.896	0.000	6.327	12.526
工业化加速阶段（2001～2007年）	SLPTC	10.527	9.019	14.377	10.180
	资本贡献度	14.063	15.954	9.629	18.030
	劳动贡献度	28.894	11.580	49.642	36.338
	环境建设贡献度	36.724	56.486	12.879	28.778
	非清洁能源贡献度	20.319	15.980	27.850	16.854
	清洁能源贡献度	0.000	0.000	0.000	0.000
两型社会建设阶段（2008～2012年）	SLPTC	6.772	8.062	3.775	6.349
	资本贡献度	0.000	3.977	5.740	1.698
	劳动贡献度	43.638	24.320	53.332	53.168
	环境建设贡献度	29.801	56.468	0.000	0.000
	非清洁能源贡献度	21.433	15.235	26.523	27.312
	清洁能源贡献度	5.128	0.000	14.405	17.822

续表

阶段	指标	全国地区	东部地区	中部地区	西部地区
生态文明建设阶段（2013~2018年）	SLPTC	6.216	6.336	5.245	7.852
	资本贡献度	0.000	0.031	0.000	0.000
	劳动贡献度	13.938	7.938	24.652	16.138
	环境建设贡献度	49.938	72.036	32.299	24.535
	非清洁能源贡献度	28.005	19.996	35.943	34.560
	清洁能源贡献度	8.119	0.000	7.106	24.768

资料来源：笔者自制。

第五章　中国生态全要素生产率增长的时空演化

在上一章中，基于强可持续理论，在生态文明建设的诉求下，从环境建设和环境损害两个维度综合评价中国各省（区、市）的生态环境状况，并将其纳入生态全要素生产率的研究框架，提出一种非径向投入导向的生态全要素生产率测算指标；以投入目标值与实际值的比率表示要素的全要素效率，建立生产要素绩效和总体绩效的联系桥梁；重新审视中国各省生态全要素生产率的阶段特征、区域差异、要素源泉和动态演化规律，为提升中国生态全要素生产率提供政策建议。在此基础上，本章尝试通过核密度分析、Dagum 基尼系数和动态空间收敛模型来识别出生态全要素生产率增长的区域差异及其演化机制，并在空间互动的视角下，对整体和地区间的生态全要素生产率的空间收敛趋势和影响因素进行全景式的揭示和解释。

第一节　生态全要素生产率增长的动态演化

为了更立体地刻画要素生产率和生态全要素生产率增长的动态演化，在对全国层面和区域层面的生态全要素生产率演进特征进行分解的基础上，本部分将视角投入生态全要素生产率增长的分布差异和动态演进趋势。本章将运用核密度估计来考察要素生产率增长和生态全要素生产率增长的分布动态，揭示生产率波动的演化特征。

一、研究方法

核密度估计作为一种非参数方法，模型依赖性弱，稳健性强，已成为分析空间非均衡的常用方法（刘华军和杜广杰，2017；王谦和董艳玲，2018）。该方法通常假设随机变量 X 的密度函数为：

$$f(x) = \frac{1}{Nh}\sum_{i=1}^{N} K\left(\frac{X_i - x}{h}\right) \tag{5-1}$$

核密度函数作为一种平滑转换函数或者加权函数，通常满足：

$$\begin{cases} \lim\limits_{x\to\infty} K(x) \times x = 0 \\ K(x) \geqslant 0 \qquad \int_{-\infty}^{+\infty} K(x)dx = 1 \\ \sup K(x) < +\infty \qquad \int_{-\infty}^{+\infty} K^2(x)dx < +\infty \end{cases} \tag{5-2}$$

其中，N 代表观测值数量；X_i 代表独立同分布的观测值；x 代表平均值；K 代表核密度；h 代表带宽。带宽越大，估计的密度函数的曲线越光滑，估计的精确性越低；反之则带宽越小，密度函数则越不光滑，但是估计精确性高。进一步通过方差分解来对要素生产率和生态全要素生产率的分布动态演化进行成因剖析。首先对生态全要素生产率及其分解项进行方差分解，公式如下：

$$\begin{aligned} Var(SLP) &= Cov(SLP, SLPEC + SLPTC) \\ &= Cov(SLP, SLPEC) + Cov(SLP, SLPTC) \end{aligned} \tag{5-3}$$

两边同除以 Var(SLP) 得：

$$1 = \frac{Cov(SLP, SLPEC)}{Var(SLP)} + \frac{Cov(SLP, SLPTC)}{Var(SLP)} \tag{5-4}$$

其中，Var 表示方差，Cov 表示协方差，式（5－3）将生态全要素生产率的空间差异表示为生态效率和技术进步的空间差异，式（5－4）则表示生态效率和技术进步空间差异对生态全要素生产率空间差异的贡献度。贡献度越大，则表示生态效率或技术进步空间差异对生态全要素生产率空间差异的作用越大。进而从要素角度对生态全要素生产率的空间差异进行方差分解，公式如下：

$$\begin{aligned} Var(SLP) &= Cov(SLP, \partial_K SLP_K + \partial_L SLP_L + \partial_{EC} SLP_{EC} + \partial_{NE} SLP_{NE} + \partial_{CE} SLP_{CE}) \\ &= Cov(SLP, \partial_K SLP_K) + Cov(SLP, \partial_L SLP_L) + Cov(SLP, \partial_{EC} SLP_{EC}) \\ &\quad + Cov(SLP, \partial_{NE} SLP_{NE}) + Cov(SLP, \partial_{CE} SLP_{CE}) \end{aligned} \tag{5-5}$$

两边同除以 Var(SLP) 得：

$$\begin{aligned} 1 &= \frac{Cov(SLP, \partial_K SLP_K)}{Var(SLP)} + \frac{Cov(SLP, \partial_L SLP_L)}{Var(SLP)} + \frac{Cov(SLP, \partial_{EC} SLP_{EC})}{Var(SLP)} \\ &\quad + \frac{Cov(SLP, \partial_{NE} SLP_{NE})}{Var(SLP)} + \frac{Cov(SLP, \partial_{CE} SLP_{CE})}{Var(SLP)} \end{aligned} \tag{5-6}$$

同理，生态效率和技术进步方差分解的贡献度如下：

$$1 = \frac{Cov(SLPEC, \partial_K SLPEC_K)}{Var(SLPEC)} + \frac{Cov(SLPEC, \partial_L SLPEC_L)}{Var(SLPEC)}$$

$$+\frac{Cov(SLPEC, \partial_{EC}SLPEC_{EC})}{Var(SLPEC)}+\frac{Cov(SLPEC, \partial_{NE}SLPEC_{NE})}{Var(SLPEC)}$$

$$+\frac{Cov(SLPEC, \partial_{CE}SLPEC_{CE})}{Var(SLPEC)} \tag{5-7}$$

$$1=\frac{Cov(SLPTC, \partial_{K}SLPTC_{K})}{Var(SLPTC)}+\frac{Cov(SLPTC, \partial_{L}SLPTC_{L})}{Var(SLPTC)}$$

$$+\frac{Cov(SLPTC, \partial_{EC}SLPTC_{EC})}{Var(SLPTC)}+\frac{Cov(SLPTC, \partial_{NE}SLPTC_{NE})}{Var(SLPTC)}$$

$$+\frac{Cov(SLPTC, \partial_{CE}SLPTC_{CE})}{Var(SLPTC)} \tag{5-8}$$

其中，式（5－5）将生态全要素生产率的空间差异表示为资本、劳动、环境建设、非清洁能源和清洁能源等要素生产率的空间差异，式（5－6）则表示不同要素生产率空间差异对生态全要素生产率空间差异的贡献度。式（5－7）则表示不同要素生产率的生态效率空间差异对生态效率空间差异的贡献度。式（5－8）则表示不同要素生产率的技术进步空间差异对技术进步空间差异的贡献度。

二、要素生产率增长的动态演化

2001～2018 年，资本生产率增长呈现单峰分布，分布位置出现右移态势。波峰在 2006 年达到最高，波峰高度整体呈现下降后增大，带宽先增大后减小，且存在较明显的右拖尾趋势（见图 5－1）。生态效率波动幅度明显，波峰高度出现下降后增长的频繁波动。技术进步波峰增加，带宽先增大后缩小，存在右拖尾趋势。且生态和技术进步都出现明显的梯度效应，其分布除一个主峰外，还存在其他较小的波峰，且主峰均位于其他波峰的右侧。这说明中国省际资本生产率出现收敛趋势，处于竞争优势的地区资本生产率的增速出现下降，处于竞争劣势的地区资本生产率增速出现追赶效应。

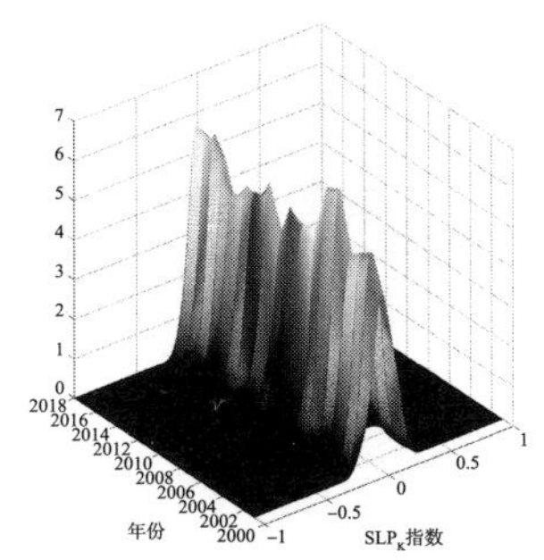

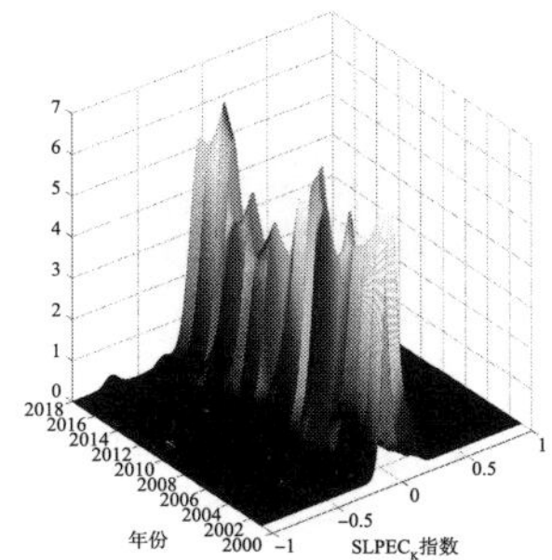

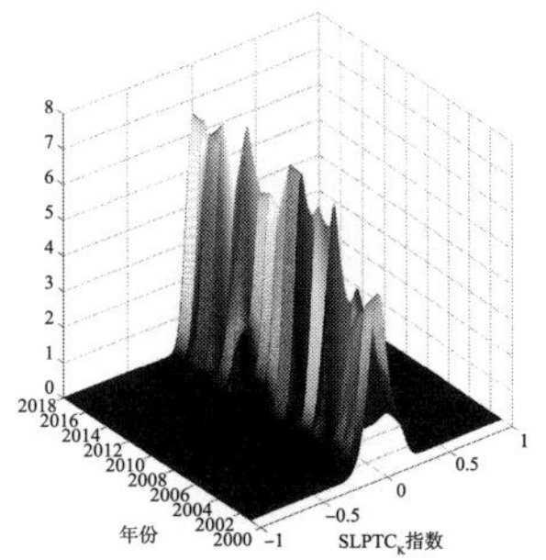

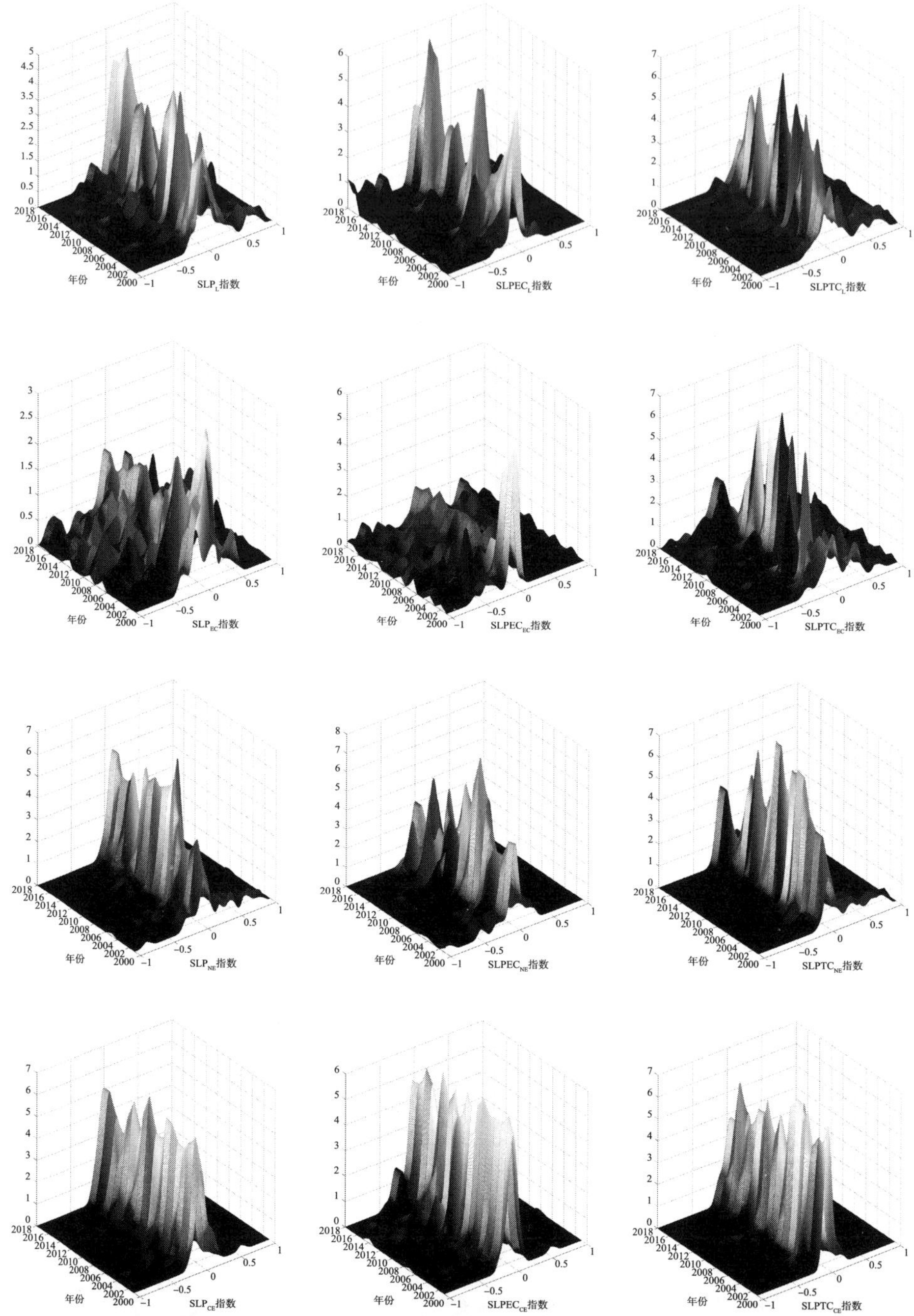

图5-1 省级要素生产率及其分解项增长的动态演进

资料来源：Matlab 绘制。

劳动生产率增长出现较明显峰值起伏，2010 年出现低值，2016 年出现峰值，主峰向右偏移，带宽增大后减小，且主峰均位于其他波峰的右侧，梯度效应明显。生态效率由单峰转为多峰分布，且峰值变动频率较高，带宽持续缩小。技术进步起伏较小，波峰高度出现增长后下降趋势，且存在较小的波峰位于主峰右侧。这说明省际劳动力要素集聚出现内部差异缩小的趋势，生态效率的省际差异波动频繁，技术进步两极分化趋势依旧突出。

环境建设生产率增长呈现多峰分布，起伏逐渐平缓，峰值不断降低，主峰位置无偏移，带宽持续缩小，存在其他较小波峰均位于主峰左侧。生态效率波峰起伏较大，峰值高度下降明显，且存在右拖尾趋势。技术进步呈现尖峰分布，峰值不断增高，主峰位置出现右偏移。这说明生态效率和技术进步差异依旧较大，省际环境建设生产率差异整体扩大，生态文明建设下经济与环境可持续发展的协同性亟待增强。

非清洁能源生产率呈现单峰分布，波峰起伏较小，峰值出现缓慢增高趋势，主峰右移，带宽出现增长后下降趋势。生态效率呈现双峰分布，峰值出现“增长—下降”趋势，且右拖尾现象明显。技术进步峰值出现在 2012 年，其后逐渐下降，且其主峰位置无偏移。这说明省际非清洁能源消费差异在缩小，非清洁能源生产率增长出现空间趋同效应，低流动性要素存在向高流动性转移的趋势。

清洁能源的要素生产率波动较小，主峰无偏移，峰值存在波动下降趋势，带宽不断缩小。生态效率存在梯度效应，其余波峰均位于主峰左侧，且存在多极化趋势。技术进步峰值波动较小，峰值最高出现在 2007 年，存在右拖尾现象。这说明省际清洁能源生产率的差异较小，能源结构的调整规模不大，中国能源消费结构转型仍处于起步阶段，清洁能源带来的结构改善和技术提升效应依然收效甚微。

由此可见，一是分项要素生产率的增长虽然地区差距依旧明显，但已经出现了省际收敛的趋势，要素流动性进一步增强；二是环境建设生产率增长流动性较小，劳动和非清洁能源的生产率增长右拖尾现象明显。这说明推进环境建设、改善劳动力素质、提高能源利用效率维持着经济社会生态协调发展的良好循环，依旧是提升分项要素生产率增长的主要驱动力。只有切实改善资本、劳动、环境建设和能源消费结构等要素生产率增长的流动性和协调性，才能追赶区域差距，提升地区经济增长绩效。

三、生态全要素生产率增长的动态演化

2001 ~2018 年，省级生态全要素生产率增长在 −0.5 ~0 和 0 ~0.5 区间出

现主峰和次峰，其后主峰出现右移趋势，逐渐集中于0～0.5之间，由双峰分布向单峰分布演进，峰值呈现“U”型阶段性波动下降，带宽增长后缩小，且右拖尾现象明显（见图5－2）。生态效率增长呈现单峰分布，主峰位置左移，峰值出现下降趋势且逐渐平缓，表明生态效率变动率有所下降，但其收敛性变化不大，峰值呈现“U”型波动上升，存在梯度效应，其他较小波峰均位于主峰左侧，这说明省际生态效率存在两极分化趋势，生态效率的改善依旧制约整体区域经济效率平衡性的提升。技术进步增长呈现多峰向单峰分布转变，峰值逐渐升高，带宽不断缩小，表明极化现象在缩小，落后地区的技术进步出现向发达地区的追赶效应。技术进步空间溢出和辐射带动作用不断加强。综合来看，中国省级生态全要素生产率流动相对较低且持久性较强，区域之间的生产率差距出现缩小的趋势，尤其是技术进步的空间差距在不断缩小，但生态效率存在两极分化趋势，地区差距仍然显著，经济增长的整体协同性仍亟待增强。

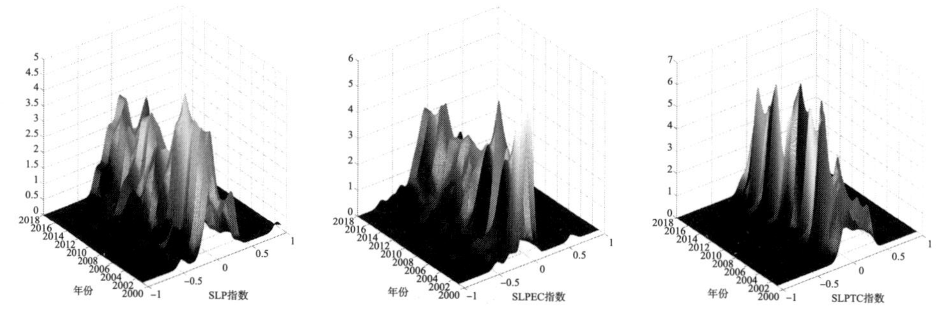

图5－2　中国省级全要素生产率及其分解项增长的动态演进

资料来源：Matlab绘制。

四、动态演化的成因剖析

2001～2018年，省际SLP指数的整体差异呈现阶段性波动下降趋势，差异均值为0.031，与核密度估计的结果一致（见表5－1）。其中，技术进步的整体差异和贡献率均小于生态效率，生态效率的整体差异呈现阶段性波动上升趋势，差异和贡献率均值分别为0.039和87.774%，技术进步的整体差异呈现持续下降趋势，差异和贡献率均值分别为0.016和12.2%。分时期来看，2001～2007年，SLP指数的整体差异呈现持续下降趋势，差异均值为0.024，生态效率和技术进步的整体差异贡献率分别为83.983%和16.017%。2008～2012年，SLP指数的整体差异出现上升趋势，差异均值为0.038，其中，生态效率的整体差异进一步扩大，贡献率达到95.060%，技术进步的整体差异出现减小，贡献率为4.940%，与这一时期核密度估计图中生态效率峰值下降，而技术进步峰值增高的趋势一致。2013~2018年，SLP指数的整体差异呈现缓慢下降趋势，差异均值为0.034，其中，生态效率的整体差异贡献率出现下降，达到85.795%，而技术进步整体差异贡献率缓慢增加，达到14.205%，这与核密度估计中生态效率的极化趋势加剧、技术进步的内部差异缩小的演进特征一致。由此可见，生态效率差异是生态全要素生产率整体差异变动的主要动因，技术进步差异较小，且存在持续减小趋势，进一步推进省际生态全要素生产率持续协调增长。

表5-1　中国生态全要素生产率及其分解项的方差分解　单位：%

类别	项目	2001~2007年	2008~2012年	2013~2018年	2001~2018年
SLP指数要素差异贡献率	SLP差异值	0.024	0.038	0.034	0.031
	资本投入	2.467	1.657	0.910	1.771
	劳动投入	19.926	10.693	13.866	15.428
	环境建设投入	51.621	72.869	78.383	65.742
	非清洁能源投入	17.641	6.468	2.108	9.786
	清洁能源投入	8.345	8.314	4.733	7.274
SLPEC指数要素差异贡献率	SLPEC差异值	0.032	0.043	0.044	0.039
	生态效率贡献率	83.983	95.060	85.795	87.774
	资本投入	1.387	2.353	0.715	1.473
	劳动投入	11.305	7.543	12.034	10.413
	环境建设投入	61.269	76.971	79.418	71.225
	非清洁能源投入	16.929	7.138	2.453	9.792
	清洁能源投入	9.111	5.995	5.380	7.097
SLPTC指数要素差异贡献率	SLPTC差异值	0.018	0.008	0.020	0.016
	技术进步贡献率	16.017	4.940	14.205	12.226
	资本投入	4.671	13.037	2.094	6.374
	劳动投入	13.489	-16.665	3.836	1.781
	环境建设投入	46.614	74.061	79.234	64.281
	非清洁能源投入	24.174	11.136	4.056	14.422
	清洁能源投入	11.052	18.430	10.780	13.142

资料来源：笔者自制。

从要素生产率差异的贡献率来看，2001~2018年，SLP指数及其生态效率的要素差异贡献率以“环境建设—劳动—非清洁能源—清洁能源—资本”的次序依次递减，技术进步的要素差异贡献率以“环境建设—非清洁能源—清洁能源—资本—劳动”的次序依次递减。一方面，这进一步说明生态效率差异变动是 SLP 指数差异变动的主要原因，技术进步差异变动持续推进着不同要素生产率差异的协调演变；另一方面，这说明环境建设的要素贡献率差异是主导生态全要素增长率省际差异的首要动力，劳动、资本和非清洁能源等传统要素投入的贡献率差异已经出现了空间趋同现象。

具体来看，资本投入差异的贡献率呈现阶段性波动下降特征，2001 ~ 2007 年均值约为 2.5%，2013 ~ 2018 年均值约为 0.9%，而其生态效率和技术进步的要素贡献率差异则出现增长后下降趋势，2008 ~ 2012 年分别达到最高值 2.353% 和 13.037%。这意味着生态效率和技术进步的差异缩小已经带动了资本投入边际收益的空间协调发展，省际资本生产率提升的协同效应已经开始凸显，地区资本投入的边际收益开始收敛。

劳动投入差异的贡献率出现下降后增长的变动趋势。2001 ~ 2007 年均值为 19.926%，2008 ~ 2012 年下降为 10.693%，而 2013 ~ 2018 年则增长为约 13.9%，其生态效率差异变动贡献率稳定在 12.043%，与其核密度估计中多峰分布和带宽缩小的趋势演进保持一致。

技术进步差异贡献率则出现明显的阶段性下滑特征，2008 ~ 2012 年均值为 -16.665%，与其核密度估计中出现的极化趋势相吻合。这意味着劳动投入的差异要素贡献率依旧存在显著的空间差异，劳动技术进步的空间集聚性依旧需要不断改善。

环境建设的差异贡献率是 SLP 指数变动的主要动因，呈现不断增长趋势，均值为 65.742%。其生态效率和技术进步差异贡献率均呈现持续扩大趋势，尤其是在 2013 ~ 2018 年分别达到 79.418% 和 79.234%。这说明一定程度上环境建设的要素差异贡献率已经出现了空间失衡，整体的低效率制约着生态全要素生产率的协同性的提升。

非清洁能源及其分解项的差异贡献率出现持续下降趋势，在 2013 ~ 2018 年均达到最低水平。这意味着在非清洁能源效率的省际差异持续缩小，与核密度估计中的结果一致。

清洁能源及其分解项的差异贡献率较小，且在 2013 ~ 2018 年出现一定程度下滑，与核密度估计中呈现的多极化趋势相一致。这意味着清洁能源的整体低效率演进仍较为突出，能源结构转型和清洁能源开发仍然是供给侧结构性变革中破解协调性和平衡性发展难题的重要突破口。

第二节　生态全要素生产率增长的区域差异①

一、研究方法

本研究运用 Dagum 基尼系数法来动态诠释中国三大区域生态全要素生产率增长的空间差异，并探究其背后的深层次原因。依据达格姆（Dagum，1997）提出的分解方法，总体基尼系数 G 可分解为地区内部差异贡献 G_w、地区间净值差异贡献 G_{nb} 和超变密度贡献 G_t，三者满足：$G = G_w + G_{nb} + G_t$。一般而言，基尼系数越小代表地区差异性越小，则区域趋同性越强；反之，基尼系数越大则意味着区域协同性越弱。根据达格姆的定义和本研究的研究内容，总体基尼系数定义为：

$$G = \frac{\sum_{j=1}^{k}\sum_{h=1}^{k}\sum_{i=1}^{n_j}\sum_{r=1}^{n_h}|y_{ji} - y_{hr}|}{2n^2\mu} \tag{5-9}$$

本研究将全国划分为东、中、西三大部分，k 表示地区划分的个数，n 表示所有省份的个数，$y_{it}(y_{hr})$ 表示 j(h) 内省份 i(r) 的生态全要素生产率，$n_j(n_h)$ 表示地区 j(h) 内省份的个数，$\mu_j(\mu_m)$ 为地区 j(h) 内的生态全要素生产率均值。

$$G_{jj} = \frac{\sum_{i=1}^{n_j}\sum_{r=1}^{n_j}|y_{ji} - y_{jr}|}{2n_j^2\mu_j} \tag{5-10}$$

$$G_{jh} = \frac{\sum_{i=1}^{n_j}\sum_{r=1}^{n_h}|y_{ji} - y_{hr}|}{n_j n_h(\mu_j + \mu_m)} \tag{5-11}$$

$$G_w = \sum_{j=1}^{k} G_{jj} p_j s_j \tag{5-12}$$

$$G_{nb} = \sum_{j=2}^{k}\sum_{h=1}^{j-1} G_{jh}(p_j s_h + p_h s_j) D_{jh} \tag{5-13}$$

$$G_t = \sum_{j=2}^{k}\sum_{h=1}^{j-1} G_{jh}(p_j s_h + p_h s_j)(1 - D_{jh}) \tag{5-14}$$

① 本小节参见已发表论文：杨万平，李冬．中国生态全要素生产率的区域差异与空间收敛［J］．数量经济技术经济研究，2020，36（9）：80－99.

$$D_{jh} = \frac{d_{jh} - p_{jh}}{d_{jh} + p_{jh}} \tag{5-15}$$

$$d_{jh} = \int_0^{\infty} dF_j(y) \int_0^{y} (y - x) dF_h(x) \tag{5-16}$$

$$p_{jh} = \int_0^{\infty} dF_h(y) \int_0^{y} (y - x) dF_j(x) \tag{5-17}$$

式（5－12）中，$p_j = n_j/n$，$s_j = n_j \mu_j / n\mu$，式（5－15）中，D_{jh}指的是地区 j 和 h 之间生态全要素生产率的互动影响，d_{jh}指的是地区间生态全要素生产率的差值，表示地区 j 和 h 之间的 $y_{it} - y_{hr} > 0$ 的数学期望，p_{jh}为超变一阶矩，表示地区 j 和 h 之间 $y_{ji} - y_{hr} < 0$ 的数学期望。

二、总体区域差异

基于中国生态全要素生产率的测度数据，利用 Dagum 基尼系数定量测度中国生态全要素生产率及其分解项的不平衡和区域差距，并通过系数分解分析差距来源。

2001～2018 年中国生态全要素生产率总体基尼系数均值为 0.0280，整体表现出“下降—增长—下降”的频繁波动趋势，且波动幅度较大，在 2004 年和 2011 年分别达到低谷 0.0173 和峰值 0.0477。具体来看，2009 年前总体基尼系数呈现波动下降趋势，年均降幅 3.78%，2009 年后总体基尼系数呈现增长后下降趋势，年均增幅 0.91%，这反映出总体区域差异存在缓慢增长趋势，生态全要素生产率的总体协同效益较弱；2001～2018 年效率变动和技术进步的总体区域差异均值分别为 0.0234 和 0.0199，整体表现出波动上升趋势，效率变动在 2006 年和 2013 年分别达到峰值 0.0494 和低谷 0.0077，年均增幅 10.01%，技术进步在 2001 年和 2016 年分别达到峰值 0.0397 和低值 0.0082，年均增幅 6.25%（见表 5－2）。由此可见，一是生态全要素生产率的总体区域差异大于效率变动和技术进步的总体区域差异，且波动更频繁；二是生态全要素生产率及分解项的总体区域差异都存在持续而稳定的增长，区域间的生态文明建设和经济高质量发展亟待制定并实施协同治理和统筹发展政策来有效缩小区域间经济增长绩效差距（高赢，2019）。

Dagum 基尼系数将区域差距来源分为三种，分别为区域内差异、区域间差异和超变密度。从基尼系数分解及其各项差距来源贡献度的变化来看，生态全要素生产率及其分解项的总体区域差异产生的内在机制随着时间推移发生了变化。

2001～2018 年生态全要素生产率的总体基尼系数呈现“区域间差异—区域

表 5－2　　中国生态全要素生产率增长总体基尼系数及其来源贡献

年份	生态全要素生产率（SLP）				效率变动（SLPEC）				技术进步（SLPTC）			
	总体	区域内	区域间	超变密度	总体	区域内	区域间	超变密度	总体	区域内	区域间	超变密度
2001	0.0365	0.0113	0.0112	0.0140	0.0265	0.0084	0.0049	0.0132	0.0397	0.0123	0.0135	0.0139
		（31.04）	（30.54）	（38.42）		（31.83）	（18.39）	（49.78）		（30.95）	（33.98）	（35.07）
2002	0.0446	0.0102	0.0086	0.0106	0.0190	0.0046	0.0048	0.0096	0.0280	0.0088	0.0074	0.0118
		（34.60）	（29.22）	（36.18）		（24.19）	（25.14）	（50.57）		（31.35）	（26.30）	（42.35）
2003	0.0395	0.0145	0.0116	0.0185	0.0428	0.0134	0.0154	0.0140	0.0357	0.0130	0.0046	0.0181
		（32.44）	（26.08）	（41.47）		（31.38）	（35.91）	（32.70）		（36.31）	（12.87）	（50.82）
2004	0.0173	0.0179	0.0143	0.0155	0.0460	0.0176	0.0129	0.0155	0.0253	0.0078	0.0058	0.0118
		（37.49）	（29.91）	（32.60）		（38.31）	（27.98）	（33.71）		（30.69）	（22.73）	（46.58）
2005	0.0219	0.0127	0.0261	0.0007	0.0430	0.0136	0.0266	0.0028	0.0116	0.0036	0.0041	0.0040
		（32.04）	（66.12）	（1.83）		（31.65）	（61.94）	（6.41）		（30.69）	（35.10）	（34.21）
2006	0.0188	0.0133	0.0121	0.0170	0.0494	0.0146	0.0193	0.0155	0.0202	0.0065	0.0138	0.0000
		（31.37）	（28.55）	（40.08）		（29.59）	（39.13）	（31.28）		（31.93）	（68.07）	（0.00）
2007	0.0209	0.0053	0.0046	0.0074	0.0146	0.0046	0.0057	0.0043	0.0201	0.0056	0.0090	0.0055
		（30.49）	（26.65）	（42.86）		（31.42）	（38.91）	（29.68）		（27.93）	（44.79）	（27.28）
2008	0.0213	0.0062	0.0093	0.0068	0.0109	0.0031	0.0015	0.0062	0.0179	0.0053	0.0080	0.0046
		（27.72）	（41.60）	（30.68）		（28.89）	（14.00）	（57.10）		（29.47）	（44.87）	（25.66）
2009	0.0191	0.0064	0.0091	0.0064	0.0095	0.0031	0.0010	0.0054	0.0195	0.0053	0.0090	0.0053
		（29.08）	（41.53）	（29.40）		（32.48）	（10.58）	（56.94）		（27.01）	（45.90）	（27.09）

续表

年份	生态全要素生产率（SLP）				效率变动（SLPEC）				技术进步（SLPTC）			
	总体	区域内	区域间	超变密度	总体	区域内	区域间	超变密度	总体	区域内	区域间	超变密度
2010	0.0294	0.0051	0.0112	0.0015	0.0152	0.0051	0.0047	0.0055	0.0128	0.0035	0.0073	0.0021
		(28.75)	(62.70)	(8.55)		(33.53)	(30.63)	(35.85)		(27.04)	(56.75)	(16.21)
2011	0.0477	0.0056	0.0045	0.0087	0.0181	0.0059	0.0050	0.0072	0.0111	0.0034	0.0045	0.0031
		(29.82)	(24.13)	(46.05)		(32.46)	(27.86)	(39.68)		(31.18)	(40.41)	(28.42)
2012	0.0425	0.0087	0.0125	0.0077	0.0200	0.0065	0.0069	0.0067	0.0140	0.0040	0.0059	0.0041
		(30.06)	(43.23)	(26.71)		(32.33)	(34.33)	(33.33)		(28.45)	(42.29)	(29.26)
2013	0.0223	0.0058	0.0110	0.0041	0.0077	0.0025	0.0016	0.0036	0.0178	0.0048	0.0095	0.0035
		(27.65)	(52.57)	(19.78)		(32.80)	(20.42)	(46.77)		(26.81)	(53.24)	(19.94)
2014	0.0179	0.0074	0.0100	0.0080	0.0161	0.0051	0.0027	0.0083	0.0180	0.0055	0.0091	0.0034
		(29.33)	(39.31)	(31.36)		(31.78)	(16.63)	(51.60)		(30.24)	(50.64)	(19.12)
2015	0.0289	0.0079	0.0064	0.0069	0.0256	0.0092	0.0138	0.0027	0.0166	0.0050	0.0089	0.0027
		(37.38)	(29.99)	(32.63)		(35.81)	(53.80)	(10.39)		(29.86)	(53.61)	(16.53)
2016	0.0254	0.0067	0.0090	0.0056	0.0176	0.0056	0.0058	0.0063	0.0082	0.0022	0.0036	0.0024
		(31.43)	(42.16)	(26.41)		(31.71)	(32.70)	(35.59)		(27.31)	(43.56)	(29.14)
2017	0.0212	0.0059	0.0058	0.0075	0.0158	0.0052	0.0054	0.0051	0.0217	0.0067	0.0108	0.0043
		(30.63)	(30.18)	(39.20)		(33.07)	(34.38)	(32.54)		(30.63)	(49.79)	(19.58)
2018	0.0280	0.0089	0.0104	0.0087	0.0234	0.0075	0.0081	0.0077	0.0199	0.0061	0.0079	0.0059
		(31.25)	(37.91)	(30.84)		(31.95)	(30.75)	(37.29)		(29.87)	(42.64)	(27.49)

注：括号中为空间差异来源的贡献率，单位为%。
资料来源：Matlab 输出。

内差异—超变密度”依次递减的分布格局。具体来看，区域内差异波动较为平稳，年均增幅6.28%，贡献度年均增幅4.76%。区域间差异呈现“上升—下降”的频繁波动趋势，2007年和2011年出现低值，贡献度低于26%；2005年和2010年出现峰值，贡献度超过50%。超变密度呈现“下降—上升”的频繁波动趋势，2005年出现低值，贡献度为1.83%；2011年出现峰值，贡献度达到46.05%。

2001~2018年效率变动的总体区域差异呈现“超变密度—区域内差异—区域间差异”依次递减的分布格局。具体来看，区域内差异波动较为平稳，年均增长14.24%，贡献率年均增幅11.25%。区域间差异出现“增长—下降—增长”的波动趋势，2008~2014年贡献度稳定在30%以下。超变密度出现“下降—增长—下降”的波动趋势，2005年出现低值，贡献度为6.41%，2008年出现峰值，贡献度为57.10%。

2001~2018年技术进步总体区域差异呈现“区域间差异—区域内差异—超变密度”依次递减的分布格局。具体来看，2005年之后区域间差异是基尼系数的首要贡献来源，贡献率稳定在50%以上；区域内差异波动比较平稳；超变密度则稳定在30%以下的贡献度。

由此可见，一是区域间差异是生态全要素生产率及技术进步总体区域差异的首要来源，且波动幅度较大，区域内差异在生态全要素生产率及其分解项中波动平稳，贡献率稳定在30%。这反映了中国生态全要素生产率的区域间差异最明显，地区间协同效应较弱，而区域内部差异变化平稳，存在空间协同治理的潜力。二是超变密度在生态全要素生产率及技术进步中波动幅度较大，但贡献度最低，而在效率变动中贡献度最高。这说明交叉重叠现象在生态全要素生产率及其技术进步中的总体区域差异较少（刘帅，2019），而在效率变动中较多，反映了不同区域的生态全要素生产率及技术进步依然存在明显的差距。而效率变动则出现整体较大程度的滞后现象，效率改进仍旧任重道远。三是生态全要素生产率及其分解项的总体区域差异都存在持续增长趋势，不仅区域间差距在扩大，区域内部不平衡的现象也在凸显，而效率变动与生态全要素生产率及技术进步出现贡献率结构的明显差异。这表明生态全要素生产率的提升尚未实现效率改善与技术进步的协同增长，效率改善水平较低仍在制约经济发展绩效的可持续增长，抑制了地区生态全要素生产率的提升（刘华军和李超，2018）。

三、区域内差异

从全国整体来看，生态全要素生产率及其分解项的区域内基尼系数在

2001~2007 年均值为 0.036、0.035、0.026，年均增幅分别为 -4.97%、7.11%、-1.96%，波动幅度较大；2008~2018 年均值为 0.022、0.016、0.016，年均增幅 0.72%、4.77%、2.43%，波动幅度较小，逐渐趋于平稳。这表明生态全要素生产率及其分解项总体上呈现持续增长趋势，地区差距在扩大。分地区来看，2001~2018 年生态全要素生产率及其分解项的区域内基尼系数基本呈现“东部—中部—西部”依次递减的分布格局，东部地区生态全要素生产率及其分解项的区域内基尼系数均值为 0.036、0.037、0.027，年均增幅分别为 1.06%、2.81%、1.96%，中部地区生态全要素生产率及其分解项的区域内基尼系数均值为 0.030、0.019、0.018，年均增幅分别为 2.43%、1.31%、4.27%，西部地区生态全要素生产率及其分解项的区域内基尼系数为 0.010、0.007、0.006，年均增幅分别为 0.42%、0.66%、0.95%（见表 5-3）。

由此可见，一是生态全要素生产率及其分解项的区域内差异存在缓慢增长趋势，且逐渐趋于平稳，效率变动和技术进步的区域内差异小于生态全要素生产率。这表明效率变动和技术进步尚未形成区域内部协调演进的作用机制，进而推动生态全要素生产率的区域内差异有效缩小。二是生态全要素生产率及其分解项的区域内差异存在“东部—中部—西部”依次递减的分布格局，但都存在区域内差异逐渐缩小的趋势。这表明不同区域内存在不同的生态全要素生产率及其分解项的收敛趋势，区域协调发展是推进生态全要素生产率提升，进而缩小区域内差距的重要驱动力。

四、区域间差异

2001~2018 年，各地区之间的生态全要素增长率及其分解项的区域间基尼系数存在明显差异，具体可分为三个阶段。第一阶段是 2001~2007 年，这一阶段生态全要素增长率及其效率变动的区域间基尼系数呈现“倒 V”型波动，技术进步呈现“V”型波动，东部—中部、东部—西部和中部—西部的区域间基尼系数变化幅度都较大，2004~2005 年达到峰值，其后迅速下降。第二阶段是 2008~2012 年，这一阶段生态全要素生产率及其分解项的区域间基尼系数呈现较为平稳的波动，波动幅度较小。第三阶段是 2013~2018 年，这一阶段生态全要素生产率及其分解项的区域间基尼系数出现波动上升趋势，东部—中部和东部—西部的开始增大，而中部—西部的区域间差距开始缩小，这表明东部地区生态全要素生产率及其分解项的增速都在拉大与中部、西部的前沿面差距（见表 5-4）。

表 5－3　　生态全要素生产率及其分解项的区域内基尼系数

年份	生态全要素生产率（SLP）				效率变动（SLPEC）				技术进步（SLPTC）			
	全国	东部	中部	西部	全国	东部	中部	西部	全国	东部	中部	西部
2001	0. 0365	0. 0388	0. 0304	0. 0293	0. 0265	0. 0492	0. 0073	0. 0124	0. 0397	0. 0554	0. 0297	0. 0192
2002	0. 0294	0. 0360	0. 0302	0. 0177	0. 0190	0. 0316	0. 0082	0. 0092	0. 0280	0. 0297	0. 0242	0. 0216
2003	0. 0446	0. 0733	0. 0377	0. 0159	0. 0428	0. 0955	0. 0032	0. 0090	0. 0357	0. 0542	0. 0372	0. 0095
2004	0. 0477	0. 0543	0. 0767	0. 0046	0. 0460	0. 0631	0. 0658	0. 0057	0. 0253	0. 0480	0. 0142	0. 0018
2005	0. 0395	0. 0298	0. 0661	0. 0081	0. 0430	0. 0357	0. 0692	0. 0084	0. 0116	0. 0201	0. 0051	0. 0035
2006	0. 0425	0. 0743	0. 0399	0. 0056	0. 0494	0. 0694	0. 0702	0. 0048	0. 0202	0. 0160	0. 0368	0. 0015
2007	0. 0173	0. 0210	0. 0231	0. 0049	0. 0146	0. 0227	0. 0114	0. 0055	0. 0201	0. 0248	0. 0253	0. 0031
2008	0. 0223	0. 0276	0. 0250	0. 0046	0. 0109	0. 0151	0. 0115	0. 0038	0. 0179	0. 0250	0. 0182	0. 0043
2009	0. 0219	0. 0269	0. 0246	0. 0071	0. 0095	0. 0136	0. 0060	0. 0061	0. 0195	0. 0247	0. 0224	0. 0023
2010	0. 0179	0. 0287	0. 0039	0. 0067	0. 0152	0. 0279	0. 0046	0. 0074	0. 0128	0. 0181	0. 0051	0. 0043
2011	0. 0188	0. 0246	0. 0187	0. 0100	0. 0181	0. 0274	0. 0101	0. 0122	0. 0111	0. 0162	0. 0109	0. 0035
2012	0. 0289	0. 0376	0. 0288	0. 0111	0. 0200	0. 0317	0. 0136	0. 0089	0. 0140	0. 0174	0. 0166	0. 0033
2013	0. 0209	0. 0217	0. 0198	0. 0105	0. 0077	0. 0070	0. 0070	0. 0079	0. 0178	0. 0230	0. 0162	0. 0036
2014	0. 0254	0. 0345	0. 0282	0. 0053	0. 0161	0. 0310	0. 0068	0. 0032	0. 0180	0. 0173	0. 0269	0. 0040
2015	0. 0213	0. 0234	0. 0306	0. 0089	0. 0256	0. 0393	0. 0259	0. 0063	0. 0166	0. 0297	0. 0063	0. 0032
2016	0. 0212	0. 0337	0. 0137	0. 0081	0. 0176	0. 0343	0. 0035	0. 0064	0. 0082	0. 0081	0. 0111	0. 0026
2017	0. 0226	0. 0305	0. 0242	0. 0074	0. 0198	0. 0349	0. 0121	0. 0053	0. 0143	0. 0184	0. 0148	0. 0033
2018	0. 0191	0. 0214	0. 0184	0. 0124	0. 0158	0. 0276	0. 0055	0. 0086	0. 0217	0. 0354	0. 0158	0. 0050

资料来源：Matlab 输出。

表 5-4　生态全要素生产率及其分解项的区域间基尼系数

	生态全要素生产率（SLP）			效率变动（SLPEC）			技术进步（SLPTC）		
	东部—中部	东部—西部	中部—西部	东部—中部	东部—西部	中部—西部	东部—中部	东部—西部	中部—西部
2001	0.0367	0.0417	0.0348	0.0326	0.0337	0.0119	0.0461	0.0481	0.0277
2002	0.0358	0.0286	0.0274	0.0116	0.0224	0.0232	0.0322	0.0306	0.0248
2003	0.0581	0.0485	0.0295	0.0586	0.0602	0.0080	0.0363	0.0273	0.0479
2004	0.0407	0.0499	0.0696	0.0386	0.0426	0.0685	0.0347	0.0328	0.0099
2005	0.0581	0.0596	0.0226	0.0594	0.0668	0.0253	0.0155	0.0153	0.0046
2006	0.0600	0.0457	0.0267	0.0731	0.0422	0.0476	0.0300	0.0331	0.0100
2007	0.0155	0.0241	0.0164	0.0183	0.0161	0.0106	0.0260	0.0215	0.0184
2008	0.0300	0.0250	0.0177	0.0088	0.0139	0.0114	0.0232	0.0204	0.0134
2009	0.0289	0.0238	0.0177	0.0109	0.0065	0.0112	0.0264	0.0227	0.0153
2010	0.0233	0.0256	0.0064	0.0186	0.0190	0.0070	0.0176	0.0052	0.0185
2011	0.0162	0.0232	0.0192	0.0202	0.0213	0.0124	0.0141	0.0120	0.0082
2012	0.0361	0.0324	0.0225	0.0247	0.0234	0.0122	0.0187	0.0152	0.0117
2013	0.0247	0.0257	0.0171	0.0073	0.0082	0.0077	0.0236	0.0226	0.0117
2014	0.0325	0.0261	0.0232	0.0218	0.0208	0.0055	0.0210	0.0235	0.0166
2015	0.0294	0.0176	0.0216	0.0370	0.0260	0.0178	0.0221	0.0229	0.0058
2016	0.0268	0.0261	0.0116	0.0237	0.0052	0.0226	0.0112	0.0084	0.0077
2017	0.0296	0.0233	0.0188	0.0275	0.0173	0.0153	0.0181	0.0183	0.0100
2018	0.0225	0.0210	0.0164	0.0184	0.0203	0.0078	0.0291	0.0265	0.0113

资料来源：Matlab 输出。

由此可见，一是生态全要素生产率及其分解项存在阶段性波动特征，区域间差距较大，且还未形成协调发展的空间格局（刘瑞翔和安同良，2012）；二是东部地区与中部、西部地区差距在生态全要素生产率及其分解项上的差距仍在扩大，东部地区作为生态文明建设和高质量发展的先行区，已经存在与中部、西部地区差距逐渐拉大的发展趋势，中部、西部地区能否突破资源与环境的约束，提高可持续发展能力，推进生态全要素生产率的迅速提升将成为实现经济转型升级的核心驱动力。

第三节　生态全要素生产率增长的长期趋势演化①

为了更全面地诠释要素生产率和生态全要素生产率增长的长期趋势，识别要素生产率和生态全要素生产率增长的平衡性，在对要素生产率和生态全要素生产率分布动态演进特征进行分解和成因剖析的基础上，本部分进一步通过马尔科夫链和地理探测器来深入揭示要素生产率和生态全要素生产率增长的长期趋势演进。首先将要素生产率和生态全要素生产率及其生态效率和技术进步依据四分位法划分为四个等级，分别为低水平（L）、中低水平（ML）、中高水平（MH）和高水平（H），以滞后一年的条件计算要素生产率和生态全要素生产率及其生态效率和技术进步的转移概率矩阵（见表5-5）。

表5-5　要素生产率及其分解项的马尔科夫链转移矩阵

要素	水平	要素生产率				生态效率				技术进步			
		L	ML	MH	H	L	ML	MH	H	L	ML	MH	H
资本	L	0.694	0.132	0.120	0.054	0.746	0.149	0.000	0.105	0.625	0.141	0.116	0.118
	ML	0.033	0.871	0.043	0.053	0.232	0.433	0.000	0.335	0.161	0.645	0.081	0.113
	MH	0.035	0.099	0.815	0.052	0.235	0.000	0.435	0.330	0.163	0.050	0.759	0.028
	H	0.060	0.123	0.031	0.786	0.103	0.168	0.000	0.729	0.265	0.022	0.141	0.572
劳动	L	0.793	0.046	0.097	0.064	0.911	0.053	0.036	0.000	0.627	0.027	0.107	0.240
	ML	0.038	0.773	0.094	0.095	0.140	0.825	0.035	0.000	0.020	0.720	0.080	0.180

① 本节参见已发表论文：杨万平，李冬．中国生态全要素生产率的区域差异与空间收敛［J］．数量经济技术经济研究，2020，36（9）：80-99.

续表

要素	水平	要素生产率				生态效率				技术进步			
		L	ML	MH	H	L	ML	MH	H	L	ML	MH	H
劳动	MH	0.072	0.148	0.717	0.063	0.222	0.179	0.599	0.000	0.027	0.027	0.707	0.240
	H	0.029	0.253	0.139	0.579	0.096	0.044	0.383	0.478	0.066	0.067	0.267	0.600
环境建设	L	0.418	0.194	0.166	0.222	0.640	0.214	0.044	0.101	0.740	0.020	0.000	0.240
	ML	0.075	0.843	0.040	0.042	0.138	0.747	0.089	0.027	0.161	0.597	0.000	0.242
	MH	0.053	0.061	0.849	0.036	0.100	0.067	0.825	0.008	0.100	0.067	0.600	0.233
	H	0.101	0.032	0.073	0.795	0.130	0.212	0.009	0.649	0.361	0.044	0.000	0.594
非清洁能源	L	0.705	0.003	0.167	0.125	0.547	0.044	0.248	0.162	0.558	0.115	0.153	0.174
	ML	0.021	0.637	0.175	0.166	0.027	0.681	0.070	0.223	0.181	0.621	0.177	0.020
	MH	0.003	0.029	0.861	0.106	0.069	0.044	0.661	0.227	0.168	0.183	0.467	0.182
	H	0.086	0.028	0.154	0.732	0.069	0.044	0.251	0.636	0.200	0.067	0.167	0.567
清洁能源	L	0.871	0.052	0.066	0.011	0.859	0.068	0.048	0.025	0.791	0.030	0.079	0.100
	ML	0.043	0.806	0.061	0.090	0.152	0.804	0.028	0.016	0.140	0.706	0.092	0.062
	MH	0.003	0.006	0.887	0.104	0.090	0.019	0.890	0.001	0.116	0.196	0.572	0.117
	H	0.214	0.155	0.077	0.554	0.280	0.075	0.080	0.566	0.170	0.006	0.130	0.694

资料来源：Matlab 输出。

一、要素生产率增长的长期趋势演化

2001～2018 年，资本生产率的转移概率明显高于非对角线上的转移概率。其中低水平、中低水平、中高水平和高水平维持原有等级的概率分别为 69.4%、87.1%、81.5% 和 78.6%，向上一等级提升的概率分别为 13.2%、4.3% 和 5.2%，而向下一等级转移的概率分别为 3.3%、9.9% 和 3.1%。低水平向中高水平转移的概率为 12.0%，中低水平向高水平转移的概率为 5.3%。这表明资本生产率增长保持稳定的概率较高，省际资本边际收益的流动性较低，对前期生产率增长的路径依赖性较强，向上提升难度较大，但向下转移的风险仍然存在，且存在跃级转移的可能。资本的生态效率和技术进步的转移概率矩阵与资本生产率转移概率矩阵变化一致，但其低水平和高水平维持原有等级的转移概率显著高于资本生产率，生态效率和技术进步的水平提升难度较大。

劳动生产率从低水平、中低水平、中高水平和高水平维持原有等级的概率分别为 79.3%、77.3%、71.7% 和 57.9%，向上一等级提升的概率分别为 4.6%、9.4% 和 6.3%，而向下一等级转移的概率分别为 3.8%、14.8% 和 13.9%。低水平向中高水平转移的概率为 9.7%，中低水平向高水平转移的概率为 9.5%。这表明劳动生产率增长呈现低水平到高水平维稳的概率逐次下降，增长的路径依赖性仍然较强，向上提升的概率低于向下转移，且存在跃级转移的可能，要切实提防劳动生产率的水平下滑。

劳动的生态效率在不同水平维持原有等级的概率较低，尤其是中高水平和高水平下转移概率分别为 59.9% 和 47.8%，且其中高水平向低水平下滑的概率为 22.2%，生态效率下滑的风险较大。技术进步的转移概率与劳动生产率转移概率的变化方向一致。这说明技术进步是劳动生产率长期提升的重要动力，而生态效率的长期波动风险仍有可能产生。

环境建设生产率从低水平、中低水平、中高水平和高水平维持原有等级的概率分别为 41.8%、84.3%、84.9% 和 79.5%，向上一等级提升的概率分别为 19.4%、4.0% 和 3.6%，向下一等级转移的概率分别为 7.5%、6.1% 和 7.3%。低水平向中高水平转移的概率为 16.6%，中低水平向高水平转移的概率为 4.2%。这表明环境建设生产率长期增长的低水平波动大，中高水平稳定性强，低水平提升的概率较大，而跃升概率较小。

环境建设的生态效率的转移概率矩阵也呈现出低水平跃升和高水平维稳的特征，而其技术进步的转移概率矩阵中低水平向低水平下滑的概率为 16.1%，而中高水平向高水平提升的概率为 23.3%。这意味着环境建设技术进步存在两极分化趋势，进一步打通中低水平向中高水平的演进渠道，推进技术进步低水平向中高水平的跃升尤为重要。

非清洁能源生产率从低水平、中低水平、中高水平和高水平维持原有等级的概率分别为 70.5%、63.7%、86.1% 和 73.2%，向上一等级提升的概率分别为 0.03%、17.5% 和 10.6%，向下一等级转移的概率分别为 2.10%、2.90% 和 15.4%。低水平向中高水平转移的概率为 16.7%，中低水平向高水平转移的概率为 16.6%。这表明非清洁能源生产率增长的长期趋势相对平稳，存在水平跃升的可能。

非清洁能源的生态效率维持原有等级概率分别为 54.7%、68.1%、66.1% 和 63.6%，中高水平向高水平提升的概率为 22.7%，而高水平向中高水平下滑的概率为25.1%，技术进步的转移概率矩阵中向上提升概率分别为11.5%、17.7%和18.2%，向下转移概率分别为18.1%、18.3%和16.7%。这意味着非清洁能源的技术进步波动转移的概率较大，持续推进其省际技术进步的协调发展就尤为重要。

清洁能源生产率从低水平、中低水平、中高水平和高水平维持原有等级的概率分别为87.1%、80.6%、88.7%和55.4%，向上一等级提升的概率分别为5.2%、6.1%和10.4%，向下一等级转移的概率分别为4.3%、0.6%和7.7%。低水平向中高水平转移的概率为6.6%，中低水平向高水平转移的概率为9.0%。这表明清洁能源生产率的中低水平的长期演进稳定，高水平下波动明显，且其等级转移和水平跃升的概率较低。

清洁能源的生态效率的转移概率矩阵与其生产率变化一致，技术进步的转移概率矩阵中向下转移的概率分别为14.0%、19.6%和13.0%，而向上转移的概率分别为3.0%、9.2%和11.7%，且其等级跃升的概率分别为7.9%和6.2%。这意味着省际清洁能源技术进步存在低水平收敛趋势，长期来看下滑的风险较大，向上跃升的概率较小，清洁能源技术进步的整体性提升迫在眉睫。

由此可见，一方面各要素生产率对角线上的概率均大于非对角线上的概率，俱乐部收敛比较显著；另一方面各要素生产率的跳跃转移概率普遍较小，且环境建设的极化效应明显，要素生产率长期趋势还需要进一步加强统筹规划和协同治理。

二、生态全要素生产率增长的长期趋势演化

2001~2018年，生态全要素生产率增长从低水平、中低水平、中高水平和高水平维持原有等级的概率分别为77.4%、79.4%、81.4%和81.2%，向上一等级提升的概率为4.8%、12.6%、4.8%，向下一等级转移的概率为1.2%、4.0%、4.4%。低水平向中高水平转移的概率为8.7%，中低水平向高水平转移的概率为6.8%，而中高水平向低水平转移的概率为9.8%（见表5-6）。这表明一方面生态全要素生产率长期演进的稳定性较大，且由中低水平向中高水平提升的概率较大；另一方面，生态全要素生产率增长存在等级跃升的可能，也需提防由中高水平向低水平下滑的风险。

表 5 – 6　　生态全要素生产率及其分解项的马尔科夫链转移矩阵

水平	生态全要素生产率 SLP 指数				生态效率 SLPEC				技术进步 SLPTC			
	L	ML	MH	H	L	ML	MH	H	L	ML	MH	H
L	0.774	0.048	0.087	0.090	0.573	0.213	0.052	0.162	0.545	0.068	0.280	0.107
ML	0.012	0.794	0.126	0.068	0.092	0.812	0.048	0.047	0.196	0.573	0.148	0.083
MH	0.098	0.040	0.814	0.048	0.119	0.002	0.842	0.038	0.187	0.070	0.608	0.136
H	0.109	0.035	0.044	0.812	0.113	0.013	0.144	0.729	0.031	0.026	0.100	0.843

资料来源：Matlab 输出。

生态效率增长从低水平、中低水平、中高水平和高水平维持其原有等级的概率分别为 57.3%、81.2%、84.2% 和 72.9%，向上转移的概率分别为 21.3%、4.8% 和 3.8%，向下转移的概率分别为 9.2%、0.2% 和 14.4%。低水平向中高水平转移的概率为 5.2%，中低水平向高水平转移的概率为 4.7%，而中高水平向低水平转移的概率为 11.9%。这表明生态效率增长的长期趋势较为稳定，且低水平向上转移的可能性大，加快推进生态效率增长的省际协同，尤其是对于中部、西部地区处于竞争劣势的省域更应当以生态效率的空间优化为实现经济增长绩效提升的主要路径。

技术进步从低水平、中低水平、中高水平和高水平维持其原有等级的概率分别为 54.5%、57.3%、60.8% 和 84.3%，向上转移的概率分别为 6.8%、14.8% 和 13.6%，向下转移的概率分别为 19.6%、7.0% 和 10.0%。低水平向中高水平转移的概率为 28.0%，中低水平向高水平转移的概率为 8.3%，而中高水平向低水平转移的概率为 18.7%。这表明技术进步存在更明显的低水平波动增长而高水平保持稳定的特征，且低水平跃升和中高水平下滑的概率较大，省际技术进步还未实现平衡性增长。

综合来看，生态全要素生产率增长的长期趋势较为稳定，但生态效率和技术进步呈现出更明显的水平波动，增强生态全要素生产率及其分解项之间演进的协调性和平衡性仍存在较大的挑战。

三、长期趋势演化的成因剖析

从因子探测的结果来看，生态全要素生产率及其生态效率的长期趋势演化中要素生产率的影响程度以“环境建设—非清洁能源—劳动—清洁能源—资本”的次序依次递减，技术进步长期趋势演化中要素生产率的影响程度以“环境建设—非清洁能源—资本—劳动—清洁能源”的次序依次递减（见表5－7）。

表5－7　　生态全要素生产率及其分解项增长的因子探测结果

项目	指标	资本	劳动	环境建设	非清洁能源	清洁能源
SLP 指数	q 值	0.014	0.123	0.521	0.126	0.057
	p 值	0.070	0.000	0.000	0.000	0.000
SLPEC 指数	q 值	0.032	0.061	0.410	0.061	0.039
	p 值	0.000	0.000	0.000	0.000	0.000
SLPTC 指数	q 值	0.144	0.084	0.342	0.204	0.062
	p 值	0.000	0.000	0.000	0.000	0.000

资料来源：R 软件输出。

由此可见，一方面环境建设生产率对生态全要素生产率及其分解项的长期趋势演化发挥了主导作用，这反映了中国省际经济发展不可持续的现实问题，也是推进生态文明建设的政策落脚点。而非清洁能源生产率影响较大则客观反映了中国高能耗高污染的转型困境，清洁能源生产率影响较小与清洁能源消费在能源消费结构中的低占比息息相关，资本和劳动的生产率影响较小是由于资本市场和劳动力市场在经济发展中始终处于基础性地位，其边际收益渐次趋同。另一方面生态效率与生态全要素生产率的长期趋势一致，而技术进步在资本、劳动和清洁能源上的影响程度出现差别，这也反映了生态效率与技术进步协同提升的要素错配现象，要素生产率长期趋势演化中的技术进步和生态效率改进的平衡性亟待进一步提升。

第六章　中国生态全要素生产率增长的空间收敛

第一节　全局空间自相关测度

本研究基于 ESDA 方法计算中国生态全要素生产率全局 Moran's I 指数，空间权重矩阵选择地理—经济空间权重矩阵。从分析的结果（见表 6－1）来看，所有样本年份的 Moran's I 指数全部为正，且都通过 P 值为 5% 的显著性检验。其中，2001、2002、2003、2004、2005、2006、2008、2009、2010、2012、2013、2014、2015、2016、2017 等 15 个年份，均通过 P 值 1% 的显著性检验，呈现出较强的空间相关性，集聚程度较高；2007、2011 等 2 个年份，通过了 P 值为 5% 的显著性检验，呈现出较弱空间相关性，集聚现象较明显。由此可见，中国生态全要素生产率存在较为显著的全局空间集聚效应。通过进一步的研究可以发现，集聚的程度随时间的推进呈现波动变化的趋势，这说明相邻区域的生态全要素生产率随着时间转换呈现出集聚逐渐变化的现象。

表 6－1　　2001～2009 年中国生态全要素生产率 Moran's I 检验

年份	莫兰指数	标准误	Z score	P 值	年份	莫兰指数	标准误	Z score	P 值
2001	0.545***	0.124	4.682	0.000	2008	0.271***	0.121	2.521	0.006
2002	0.550***	0.123	4.759	0.000	2009	0.256***	0.121	2.392	0.008
2003	0.389***	0.121	3.516	0.000	2010	0.285***	0.122	2.615	0.004
2004	0.504***	0.120	4.492	0.000	2011	0.240**	0.122	2.250	0.012
2005	0.502***	0.124	4.343	0.000	2012	0.292***	0.123	2.647	0.004
2006	0.316***	0.120	2.907	0.002	2013	0.285***	0.123	2.591	0.005
2007	0.235**	0.120	2.251	0.012	2014	0.284***	0.124	2.568	0.005

续表

年份	莫兰指数	标准误	Z score	P 值	年份	莫兰指数	标准误	Z score	P 值
2015	0.284 ***	0.124	2.568	0.005	2017	0.268 ***	0.124	1.543	0.007
2016	0.259 ***	0.123	2.380	0.009	2018	0.278 ***	0.123	1.643	0.004

注：*、**、*** 分别表示在 10%、5%、1% 的水平上显著。
资料来源：Stata 输出。

第二节 局部空间自相关聚类

本书将中国省级区域划分为 4 类聚集区，[①] 结合 Moran's I 散点图，就能更直观地反映出中国生态全要素生产率的空间关联特征。从表 6-2 来看，大部分的省级区域都分布于 H—H 和 L—L 两组中，显示出正向空间关联，即生态全要素生产率较接近的地区在地理空间分布上相对集中，空间集聚的显著性表现为不断扩大后维持稳定的趋势，这意味着中国生态全要素生产率存在较显著的空间溢出效应。

一、扩散效应聚集区

H—H 聚集区主要分布着东部省份，包括京津地区、长三角地区和珠三角地区。这类区域经济水平较发达，人口素质相对较高，且技术研发和资源能源利用效率都较高，加之地区资金支撑力度较大和高标准严要求的环境治理举措（成金华，2015），这些因素都在不断推动着区域生态全要素生产率的良性循环发展，并逐渐形成扩散趋势，带动相邻区域生态全要素生产率不断提升。

二、过渡效应聚集区

L—H 聚集区主要集中在中部省份，以河北、安徽、江西为主要代表省份。

① 本书运用探索性空间数据分析计算中国生态全要素生产率的局部 Moran's I 指数，并绘制成局部 Moran's I 指数散点图，据此进一步分析中国各区域生态全要素生产率的空间关联模式。各省级区域分布在 Moran's I 散点图的四个象限内，依次分别为高—高（H—H）聚集区，表示本区域和相邻区域生态全要素生产率均相对较高，其空间关联效应表现为扩散效应；低—高（L—H）聚集区，表示本区域生态全要素生产率较低，而相邻区域较高，其空间关联效应表现为过渡区域；低—低（L—L）聚集区，表示本区域与相邻区域生态全要素生产率均相对较低，其空间关联效应表现为低速扩散区；高—低（H—L）聚集区，表示本区域生态全要素生产率较高，而相邻区域相对较低，其空间关联效应表现为分化效应。

这是因为，一方面这类低—高聚集区的省份与生态全要素生产率相对较高的东部发达地区毗邻，但其经济发展水平较低，产业结构相对落后，且都依靠资源能源输出支撑经济发展，带来的经济增长绩效相对较低；另一方面，这类区域在东部发达地区产业转移中承担了大量的高污染高能耗企业，付出了大量的资源和环境代价，导致其生态全要素生产率增速较低。

三、低速效应聚集区

L—L 聚集区主要集中在中部、西部地区的大部分省份，这类区域具备鲜明的特征。一是区位条件差，在资金支持力度、交通运输便利化等方面与东部发达地区存在显著的差距，基本以传统的重工业为主，技术创新滞后，产业效率较低；二是地方治理落后，依靠资源开发的高投入高污染高能耗的模式来发展经济，忽略了生态环境效益，导致整体的经济增长绩效较低。

四、分化效应聚集区

H—L 聚集区主要集中在辽宁和重庆两个省份。主要是因为一方面辽宁和重庆具备生态资源禀赋优势和传统工业基础优势，随着产业结构调整和生态环境治理的持续推进，资源消耗和环境的损坏进一步减轻，经济增长模式正在由粗放型向集约型转变；另一方面辽宁和重庆还未建立产业链延伸和总体布局机制，区域协调机制较差，经济增长的区域辐射和带动效应还未完全释放，不能协同周边地区推进整体生态全要素生产率的提升（见表 6－2）。

表 6－2　　中国生态全要素生产率局部空间聚类

集聚区	年份				综合年份
	2001 年	2006 年	2012 年	2018 年	
高—高 H—H	沪、苏、浙、闽、赣、湘、粤、琼、鲁	京、津、沪、苏、浙、闽、赣、鲁、湘、粤	京、津、吉、黑、沪、苏、浙、闽、鲁、湘	京、津、辽、吉、黑、沪、苏、浙、闽、鲁、湘	京、津、沪、苏、浙、闽、粤、鲁、湘
低—高 L—H	津、冀、吉、皖、鄂、桂	冀、吉、皖、桂、琼	冀、皖、赣、桂、琼	冀、皖、赣、桂、琼	冀、吉、皖、赣、桂、琼

续表

集聚区	年份				综合年份
	2001 年	2006 年	2012 年	2018 年	
低—低 L—L	晋、内、黑、豫、渝、川、黔、滇、陕、甘、青、宁、新	晋、内、豫、鄂、渝、川、黔、滇、陕、甘、青、宁、新	晋、内、豫、鄂、川、黔、滇、陕、甘、青、宁、新	晋、内、豫、鄂、黔、滇、陕、甘、青、宁、新	晋、内、豫、鄂、川、黔、滇、陕、甘、青、宁、新
高—低 H—L	京、辽	辽、黑	辽、粤、渝	粤、渝、川	辽、渝、黑

资料来源：笔者自制。

第三节　空间收敛性分析[①]

一、研究模型构建

在全要素生产率空间收敛的相关研究中，余永泽（2015）运用空间滞后动态面板和空间误差动态面板模型对 1979 ~ 2012 年中国全要素生产率进行收敛估计，得出区域之间的全要素生产率具有明显的俱乐部收敛且空间外溢效应为正的特征，并在引入“中国式分权”体制因素后，得出“中国式分权”有利于提升省级的全要素生产率水平。王裕瑾（2016）运用空间杜宾动态面板模型对 2002 ~ 2014 年中国绿色全要素生产率进行收敛估计，得出省际绿色全要素生产率呈现 β 条件收敛趋势。胡小梅（2019）在引入“中国式分权”制度因素后，运用空间滞后动态面板和空间误差动态面板模型对 2000 ~ 2015 年中国环境污染进行收敛估计，得出“中国式分权”对环境污染具有显著的影响。在地区财政分权和环境分权的竞争模式下，地区之间为推动经济增长而展开激烈的竞次式补贴性竞争，对参与竞争的地区增长效率带来了不利影响。由此可见，忽略了制度因素，生态全要素生产率的空间敛散性分析就缺乏现实意义。因此，本书在研究中国生态全要素生产率的空间敛散性分析时考虑了制度因素，进而在制度因素影响下，研究生态全要素生产率的空间敛散性会受到何

① 本节参见已发表论文：杨万平，李冬．中国生态全要素生产率的区域差异与空间收敛［J］．数量经济技术经济研究，2020，36（9）：80 - 99.

种影响。

考察中国生态全要素生产率空间相关效应，本书基于 ESDA 分析方法，选取空间权重矩阵时分别考察邻接距离、地理距离和地理—经济距离矩阵。运用全局 Moran's I 指数来衡量不同区域之间整体上的空间关联；运用局部 Moran's I 指数来衡量区域失衡的格局类型，有效地揭示局部的异质性；借鉴新古典经济增长理论中的 β 收敛预判中国生态全要素生产率的演化状况。β 收敛可分为绝对收敛和条件收敛，其中条件收敛假定区域间存在差异性，不同区域之间存在不同的经济特征和稳态值，更符合经济现实，因而本研究重点研究 β 条件收敛。根据勒萨和匹赛（2009）提出的动态空间杜宾面板模型，模型设定为：

$$\ln\left(\frac{SLP_{i,t+1}}{SLP_{i,t}}\right) = \lambda\sum_{j=1}^{n}W_{ij}\ln\left(\frac{SLP_{i,t+1}}{SLP_{i,t}}\right) + \beta\ln SLP_{i,t} + \varphi_n X_{i,t} + \eta\sum_{j=1}^{n}W_{ij}\ln SLP_{i,t} + \mu\sum_{j=1}^{n}W_{ij}X_{i,t} + u_i + v_i + \varepsilon_{it} \quad (6-1)$$

式（6－1）中，λ 为空间滞后回归系数，W_{ij}为标准化的空间权重矩阵第 i 行第 j 列的元素，$X_{i,t}$为控制变量集合，u_i 和 v_i 分别表示时间和空间效应，ε_{it}为误差项。当加入控制变量后，模型仍然收敛于同一长期均衡状态，即 β 显著小于 0，则意味着样本期间存在条件收敛现象。

控制变量 X 具体包括六种（见表6－3）。（1）财政分权（FD）：财政分权能反映中国偏向性投资，激励地方政府提高经济增长绩效，但也会带来忽略资源环境约束、产业结构限制的投资竞争博弈（余泳泽，2015）。（2）环境分权（ED）：环境分权表示以环境基本公共服务为核心的环境管理权及事权的下放程度，反映环境管理的地方政府分权对地区环境质量的影响（祁毓等，2014）。财政与环境分权的交乘项（ED × FD）能够有效反映生态文明建设需求下，地方经济增长与生态环境治理的交互影响（胡小梅，2019）。（3）产业结构（IND）：产业结构高级化有利于资源和能源的集约化利用，并通过产业创新效应和人力资本优势提高单位投入的产出空间（杨万平，2010）。（4）环境治理强度（EIP）：地区环境治理投入作为反映生态文明建设最直接的指标，能够通过政策规制效应推动地区经济增长方式转型（钱争鸣和刘晓晨，2013）。（5）经济发展水平（LNPGDP）：经济发展水平的提升能有效改善社会福利水平，提升人口素质，带动社会治理转型和发展理念革新。（6）对外开放水平（LNFDI）：FDI 的流入一方面会加强产业的资源依赖性，另一方面也会通过技术溢出提升当地的发展水平（方时姣和肖权，2019）。本研究使用财政支出分权指数作为财政分权的代理变量；用环境分权指数作为环境分权的代理变量；用第三产业与第二产业产值比值作为产业结构的衡量指标；用环境治理投入占 GDP 比重作为环境治理强度的衡量指标；用人均实际国民收入作为经济发展水平的衡量指标；用外商直接投资作为对外开放水平的衡量指标。以上数据来源于《中国统计年鉴》。

表 6-3 空间收敛控制变量各指标的统计性描述

指标名称	样本数量	平均值	标准差	最小值	最大值
环境分权（ED）	540	0.966	0.349	0.411	2.272
财政分权（FD）	540	0.798	0.087	0.541	0.937
产业结构（IND）	540	0.388	0.085	0.118	0.592
对外开放水平（LNFDI）	540	5.235	1.788	0.402	8.182
经济发展水平（LNPGDP）	540	0.620	0.700	-1.215	2.258
环境治理强度（EIP）	540	0.013	0.007	0.003	0.042

资料来源：笔者收集。

二、全局空间收敛性检验

为增强结论的稳健性，本研究分别采用邻接矩阵、地理距离矩阵和地理-经济距离矩阵来构建空间权重矩阵，豪斯曼检验结果都支持固定效应模型（P 邻 =0.000，P 地 =0.000，P 地经 =0.000），结合 Wald 和 LR 检验结果，可以判断解释变量时空滞后项的动态空间杜宾模型为较优选择。鉴于模型可能存在内生性，本研究采用极大似然估计法（MLE）以消除内生性带来的估计偏误，动态空间杜宾模型估计结果如表 6-4 所示。

从以上结果可以看出，中国生态全要素生产率的空间效应（λ）为正且通过了显著性检验，效率变动和技术进步都在地理—经济距离矩阵中的空间效应（λ）为正且通过了显著性检验。由于空间溢出效应的存在，中国生态全要素生产率及其效率变动都存在 β 条件收敛，空间溢出效应为正。采用邻接矩阵下的生态全要素生产率及其效率变动的收敛率分别为 4.58% 和 5.13%，半程收敛周期分别为 15.2 年和 13.7 年；采用地理距离矩阵下的生态全要素生产率收敛率及其效率变动分别为 4.57% 和 5.16%，半程收敛周期分别为 15.3 年和 13.6 年；采用地理-经济距离矩阵的生态全要素生产率及其效率变动的收敛率分别为 4.71% 和 5.18%，半程收敛周期分别为 14.8 年和 13.5 年。这说明纳入经济距离后，收敛速度加快，收敛周期在缩短，这可能由于地区间经济发展不平衡会在空间维度上呈现出“核心—边缘”的分布格局从而产生极化和

表 6－4　　中国生态全要素生产率的空间收敛结果

解释变量	邻接矩阵			地理距离矩阵			地理－经济距离矩阵		
	SLPEC 指数	SLPTC 指数	SLP 指数	SLPEC 指数	SLPTC 指数	SLP 指数	SLPEC 指数	SLPTC 指数	SLP 指数
L. y	-0.1187*** (0.0431)	-0.3937*** (0.0404)	0.2180*** (0.0434)	-0.1128*** (0.0431)	-0.3955*** (0.0405)	0.2255*** (0.0428)	-0.1235*** (0.0442)	-0.4017*** (0.0405)	0.2124*** (0.0419)
ED	-0.0702** (0.0304)	0.0002 (0.0306)	-0.0318** (0.0206)	-0.0568* (0.0321)	-0.0058 (0.0324)	-0.0242 (0.0216)	-0.0233 (0.0331)	-0.0180 (0.0329)	0.0026 (0.0214)
FD	0.4668*** (0.1726)	0.1213* (0.1741)	0.1347 (0.0679)	0.5549*** (0.1749)	0.2047* (0.1766)	0.1321 (0.1187)	0.5646*** (0.1924)	0.3050** (0.1906)	0.0803 (0.1247)
ED×FD	0.0021 (0.0162)	0.0089 (0.0164)	0.0077 (0.0108)	0.0021 (0.0161)	0.0106 (0.0163)	0.0064 (0.0108)	0.0045 (0.0161)	0.0085 (0.0159)	0.0088 (0.0088)
λ	0.1999*** (0.2216)	0.1208** (0.0625)	0.0307 (0.0639)	0.2486*** (0.0843)	0.0756 (0.0754)	0.0191 (0.0823)	0.2230*** (0.1567)	0.2491** (0.1434)	0.8259*** (0.2622)
IND	0.1796** (0.0898)	0.0905* (0.0905)	0.0974** (0.0599)	0.2004** (0.0873)	0.1144** (0.0882)	0.0921** (0.0582)	0.1867** (0.0868)	0.0984* (0.0859)	0.0841** (0.0557)
EIP	-1.1349* (1.2958)	-1.0274* (0.6902)	-0.5023 (0.4552)	-1.4019** (0.6812)	-1.0043** (0.6888)	-0.5997** (0.4535)	-1.3840** (0.6760)	-1.1239* (0.6690)	-0.4552* (0.4323)
LNPGDP	-0.0832* (0.0545)	-0.0250 (0.0548)	0.0887* (0.0724)	-0.1249** (0.0598)	-0.0388 (0.0604)	-0.0491* (0.0402)	-0.1527** (0.0604)	-0.0480 (0.0599)	-0.0441* (0.0391)

续表

解释变量	邻接矩阵			地理距离矩阵			地理－经济距离矩阵		
	SLPEC 指数	SLPTC 指数	SLP 指数	SLPEC 指数	SLPTC 指数	SLP 指数	SLPEC 指数	SLPTC 指数	SLP 指数
LNFDI	-0.0159*** (0.0062)	-0.0019 (0.0062)	-0.0089** (0.0042)	-0.0163*** (0.0062)	-0.0033 (0.0063)	-0.0087** (0.0042)	-0.0154** (0.0313)	0.0006 (0.0062)	0.0111*** (0.0041)
个体效应	Yes	Yes	Yes	Yes	Yes	Yes	Yes	Yes	Yes
时间效应	Yes	Yes	Yes	Yes	Yes	Yes	Yes	Yes	Yes
N	480	480	480	480	480	480	480	480	480
敛散性	收敛	收敛	发散	收敛	收敛	发散	收敛	收敛	发散
收敛速度	0.0458	0.0513	—	0.0457	0.0516	—	0.0471	0.0518	—
LogL	683.11	679.70	878.65	681.75	677.82	877.78	677.58	680.47	892.56
AIC	-1332.23	-1325.40	-1723.30	-1329.50	-1321.64	-1721.55	-1321.17	-1326.94	-1751.12
BIC	-1261.27	-1254.45	-1652.35	-1258.55	-1250.68	-1650.60	-1250.22	-1255.99	-1680.16

注：*、**、*** 分别表示在10%、5%、1%的水平上显著。
资料来源：Stata 输出。

扩散两种效应，空间互动状态下领先区域的扩散效应会通过资源转移和要素溢出提升邻近区域的生态全要素生产率，但地区经济发展水平的差距也在通过虹吸效应削弱邻近区域的发展速度进而增强极化特征（王裕瑾和于伟，2016）。与余泳泽（2015）的研究结论相似，本研究发现技术进步存在全域性的空间发散性，可能的原因在于创新资源的空间集聚，技术扩散会驱动研发投入和人力资本等创新资源向发达的东部地区集聚，进而造成技术进步的区域不平衡逐渐拉大，如东部地区的研发投入占全国的比重从2001年的64%提升到了2017年的71%，研发人员占全国比重从2001年的55%上升到2017年的67%，增长趋势明显。

控制变量中，环境分权对生态全要素生产率增长的影响方向为负且至少通过了5%的显著性水平检验，但对效率变动和技术进步的本地影响不显著。这意味着空间互动状态下环境分权会制约生态全要素生产率的提升。财政分权对生态全要素生产率增长及其效率变动影响为正且至少通过了5%的显著性水平检验，而对技术进步影响不显著，这意味着财政分权体制下地方政府财政自主性的增强能有效提升本地生态全要素生产率，推进效率水平不断改善。环境分权与财政分权的交叉项影响方向为正但不显著，可能的原因是环境分权与财政分权在样本期间不断反复交错，造成统计意义的不显著。生态全要素生产率及其效率变动和技术进步的时间滞后项为正，表明地方经济结构存在惯性，生态全要素生产率的增长存在时空滞后效应（邓晓兰等，2019）。产业结构升级的影响为正且通过了至少5%的显著性水平检验，这意味着空间互动状态下生态全要素生产率滞后的区域需要稳步推进资源合理集聚和产业优化升级，从而推动生态全要素生产率提升及其效率改善和技术进步（王裕瑾和于伟，2016）。环境治理强度、对外开放水平以及经济发展水平对本地生态全要素生产率增长的影响方向为负且通过了10%的显著性水平检验，这意味着环境治理强度、对外开放水平以及经济发展水平在空间效应下会制约本地生态全要素生产率的增长，生态全要素生产率的提升机制并没有形成与地方经济增长协调发展机制，只有切实推进生态文明建设，转变经济增长动力，才能建立生态全要素生产率平稳增长的协调运作机制，进而实现经济高质量发展。

三、俱乐部收敛性检验

为进一步探究空间效应对中国生态全要素生产率收敛影响的趋同状况，本研究按地区分开讨论，检验不同地区生态全要素生产率的俱乐部收敛趋势。

从表6－5可以看出，东部、中部、西部地区生态全要素生产率都呈现较为显著的空间收敛趋势，且空间外溢效应为正，而中部、西部地区的生态全要素生产率空间收敛速度大于东部地区。可能的原因是，中部、西部地区生态全要素生产率在初始期差距较大，随着区域经济发展水平的差异逐渐拉大，人才、资本与技术等要素在虹吸效应下大规模向东部地区流动，中部、西部各省之间的要素禀赋差异进一步缩小，导致其生态全要素生产率增速逐渐趋同（余泳泽，2015）。东部地区在加入空间权重矩阵后，其生态全要素生产率收敛速度低于中部、西部地区。这反映了空间效应下东部地区要素的跨区域流动极化效应更加明显，在一定程度上会加剧领先区域和滞后区域之间的发展落差，从而延迟生态全要素生产率的空间收敛。

东部、中部、西部地区在地理－经济距离矩阵下收敛最高，邻接矩阵和地理距离矩阵次之。采用邻接权重矩阵下的东部、中部、西部地区生态全要素生产率收敛率分别为7.84%、10.28%、8.46%，对应的半程收敛周期分别为9.05年、6.98年和8.41年。采用地理距离权重矩阵下的东部、中部、西部地区生态全要素生产率收敛率分别为7.75%、10.42%、7.57%，对应的半程收敛周期分别为9.15年、6.89年和9.35年。采用地理－经济权重矩阵的东部、中部、西部地区生态全要素生产率分别为8.19%、10.44%、10.12%，对应的半程收敛周期分别为8.68年、6.88年和7.09年。这意味着考虑经济规模对空间外溢影响的情况下，收敛率明显提高，经济发展水平相近的省份之间的生态全要素生产率相互影响更加显著，生态全要素生产率增长的空间趋同效应更加明显，这也能解释区域间的生态全要素生产率的差距在扩大。

控制变量中，环境分权和财政分权对不同区域的生态全要素生产率收敛的影响方向一致，但在东部地区显著强于中部、西部地区，而两者的交叉项影响方向为正但不显著。这意味着在环境治理和财政支出的分权体制下，地方自主权的扩大能一定程度上影响生态全要素生产率的提升。其他变量中产业结构升级对中部、西部地区的影响方向为正且较为显著，这意味着中部、西部地区通过转变增长动力，调整产业结构，就能有效提升生态全要素生产率。环境治理强度、对外开放水平以及经济发展水平对东部、中部、西部地区的影响方向为负，但对西部地区影响更加明显。这意味着长期依靠要素投入的粗放型经济增长模式难以为继，亟待向集约化、效率化和创新化的可持续发展模式转变（魏敏和李书昊，2019），只有实现生产发展与生态良好的协调作用机制，才能释放经济增长的深层潜力，实现区域经济增长绩效的稳步提升。

表 6－5　中国生态全要素生产率的俱乐部收敛模型估计结果

解释变量	邻接矩阵			地理距离矩阵			地理－经济距离矩阵		
	东部	中部	西部	东部	中部	西部	东部	中部	西部
L. y	-0.2321***	-0.3432***	-0.4790***	-0.2430***	-0.3415***	-0.4587***	-0.2759***	-0.3490***	-0.6299***
	(0.0689)	(0.0838)	(0.0621)	(0.0676)	(0.0852)	(0.0565)	(0.0699)	(0.0850)	(0.0641)
ED	-0.1380*	-0.0931	0.0138	-0.1092*	-0.1139	0.0146	-0.1916**	-0.1455*	0.0042
	(0.0859)	(0.1052)	(0.0141)	(0.0879)	(0.1062)	(0.0125)	(0.0823)	(0.1029)	(0.0118)
FD	1.7201***	0.1912	0.2001**	1.4780***	-0.5352	0.1926**	1.6631***	-0.0315	0.1560*
	(0.4796)	(0.7022)	(0.0978)	(0.4749)	(0.7875)	(0.0945)	(0.4833)	(0.5684)	(0.0925)
ED × FD	0.0335	0.0162	-0.0105	0.0318	0.0141	-0.0100	0.0274	0.0186	-0.0108
	(0.0327)	(0.0438)	(0.0074)	(0.0340)	(0.0452)	(0.0072)	(0.0342)	(0.0425)	(0.0072)
λ	0.1777***	0.0751**	0.1207*	0.1692***	0.0394*	0.3150**	1.6891***	0.5842**	1.8826***
	(0.1869)	(0.0938)	(0.1108)	(0.1232)	(0.1145)	(0.1258)	(0.3990)	(0.2845)	(0.4831)
IND	-0.0404	0.6540***	0.0316	-0.2946	0.8137***	0.0028	-0.5752*	0.6993***	0.0878**
	(0.3816)	(0.2340)	(0.0448)	(0.3953)	(0.2387)	(0.0519)	(0.3838)	(0.1812)	(0.0437)
EIP	-0.3770	0.3229	-0.2168	-0.9028	0.3534	-0.1449	-1.3840	0.1280	-0.4427
	(1.5601)	(1.8618)	(0.2608)	(1.5100)	(1.9069)	(0.2443)	(0.6760)	(1.8839)	(0.2833)
LNPGDP	-0.1298	-0.1270	-0.0403*	-0.0371	0.0066	-0.0332*	-0.0579	-0.0760	-0.1065**
	(0.1497)	(0.2394)	(0.0289)	(0.1450)	(0.2504)	(0.0264)	(0.1488)	(0.1930)	(0.0426)

续表

解释变量	邻接矩阵			地理距离矩阵			地理－经济距离矩阵		
	东部	中部	西部	东部	中部	西部	东部	中部	西部
LNFDI	-0.0201 (0.0250)	0.0196 (0.0235)	-0.0037* (0.0025)	-0.0172 (0.0247)	0.0137 (0.0233)	0.0005 (0.0019)	-0.0003 (0.0250)	0.0247 (0.0279)	-0.0061*** (0.0021)
个体效应	Yes	Yes	Yes	Yes	Yes	Yes	Yes	Yes	Yes
时间效应	Yes	Yes	Yes	Yes	Yes	Yes	Yes	Yes	Yes
N	176	128	176	176	128	176	176	128	176
敛散性	收敛	收敛	收敛	收敛	收敛	收敛	收敛	收敛	收敛
收敛速度	0.0784	0.1028	0.0846	0.0775	0.1042	0.0757	0.0819	0.1044	0.1012
LogL	229.74	183.48	519.71	231.29	182.25	525.56	246.40	182.90	533.84
AIC	-425.47	-332.96	-1005.43	-428.59	-330.51	-1017.13	-458.80	-331.80	-1033.67
BIC	-371.57	-284.48	-951.53	-374.69	-282.02	-963.23	-404.90	-283.32	-979.77

注：*、**、*** 分别表示在10%、5%、1%的水平上显著。
资料来源：Stata 输出。

第七章　中国生态全要素生产率增长的提升路径

本章将生态全要素生产率的提升路径分解为动力机制、激励机制、约束机制和保障机制，通过理论推演，厘清不同省市生态全要素生产率提升中“政府—企业—公众”“经济—环境—资源”之间相互联系、相互作用、相互制约的机能，洞察“市场—要素—产权”等中介变量在生态全要素生产率提升中的效能；通过计量模型，检验不同地市不同机制的作用效果，检验不同政策工具和规划手段在不同区域的实施效果、触发条件和作用方式，为生态全要素生产率提升路径选择提供差异化的理论与实证支持。

第一节　提升路径的作用机理

一、动力机制的作用机理

动力机制是指各个经济主体在生态全要素生产率提升中形成的促动机制，来自经济发展内部不同行为主体对自身经济利益的追求，是提升生态全要素生产率的出发点。基于中国经济外部特征，本章主要应对中国正面临“中等收入陷阱”的外部威胁进行动力设计。

中国面临“中等收入陷阱”的挑战，跨越这一历史阶段必须要以提升生态全要素生产率为重要动力。经济增长因素具有边际效应递减的性质，粗放的发展方式难以为继，经济增长的外生动力逐渐耗尽（蔡昉，2011），使发展中国家出现土地资源短缺、能源过度消耗、污染严重等一系列资源和环境方面的问题，突出的环境、资源问题难以支撑经济的有效发展从而落入中等收入陷阱（陈亮，2011）。已经跨入中等收入阶段的国家需要加速增长，而发展方式所导致的资源环境问题阻碍了加速增长。戴星翼（2015）认为，之所以存在中等国家面临“发展的峡谷”，一方面是跨越中低收入阶段对经济增长速度有一定的要求，另一方面是容易遭遇资源、环境瓶颈，所以，提升生态全要素生产率是唯一出路。

中国已经步入中等收入国家行列，要避免陷入中等收入陷阱，需要面对一系列挑战，处理好经济、社会与环境的关系（周国梅，2016）。刘晓倩（2018）对于跨越“中等收入陷阱”问题进行研究，认为一国经济若想跨越中等收入陷阱，要降低二氧化碳排放量，提高能源利用效率，积极发展绿色经济。因而，中国只有不断提升生态全要素生产率，改变经济增长对资源和要素大规模、高强度投入的高度依赖，才能走出环境与资源的“中等收入陷阱”（朱瑞雪，2013）。

二、激励机制的作用机理

激励机制是指在提升生态全要素生产率系统中，政府作为激励主体系统运用多种激励手段并使之规范化和相对固定化，而与企业（或行业）等激励客体相互作用、相互制约的结构、方式、关系及演变规律的总和。激励机制的作用是内化于提升生态全要素生产率本身，使提升生态全要素生产率能够处于一定的预定形态，通过引导影响着提升生态全要素生产率系统的良性生存和发展。设计科学合理的激励机制是推动提升生态全要素生产率的重要手段。政府促进提升生态全要素生产率有行政手段和经济手段两种方式，行政手段直接干预，短期内有效，但排污具有典型的负外部性特征，由于政府在环境治理中与企业存在较为严重的信息不对称，政府对污染难以实施准确、全面的监控（石光，2016），所以经济或市场手段是首选方式。

（一）环境税

环境税有广义和狭义之分。狭义环境税是基于“庇古税”对负外部性征税的原理，通常被认为是治理污染最直接、最有效的工具（吴健，2017）。广义的环境税是指以环境保护为目的开征的各个税种的总称，包括：（1）对排放污染物行为征收的各种排污税，如空气污染税、垃圾税、废水排放费等；（2）对各种易导致高污染的资源产品征收的各种产品税，如对煤炭、石油和各种其他能源的征税，其性质属于特别消费税，可以简称为环保型消费税或者绿色消费税；（3）具有环保意义的其他税收。狭义的环境税仅指上述第一类的排污税。王军（2018）认为狭义和广义绿色税收政策对经济增长数量均存在抑制效应，对经济增长质量会产生促进作用。

开征环境税不仅能有效抑制污染，改善生态环境质量，而且可以降低现存税制对资本、劳动产生的扭曲作用。有学者对智利环境税的研究认为向所有经济部门征收每吨30美元的二氧化碳和其他温室气体税，可以降低高达25.7%的温室气体排放量，同时也可以减少对经济的负面影响（Christina and Tamara，2018）。而直接的“排污税”所带来的减排效应或福利应远远大于替代性税收，有学者对1994～2011年发达国家的研究显示，引入了一个创新的环境质量措施，较高的环境税收水平与较高的碳效率正相关。虽然环境税容易造成边际行政成本上升，但是在污染物覆盖范围与行政可接受性之间存在一个均衡解（Tobias，2017）。

环境税还具有差异化的影响效果。有学者研究表明，在不完全竞争的批发电力市场中，碳税的引入增加了短期碳排放，研究认为不完全市场中污染税的短期影响取决于生产技术、市场结构和税收规模（Leslie，2018）。有学者对中国的研究也表明，对能源密集型企业征收碳税，即使碳税税率相对较高，对碳排放的影响也相对较小；较高的碳税税率将导致较高的二氧化碳减排量和较高的边际二氧化碳减排量（Lin，2018）。碳税税率遵循“边际减排递增规律”。卢洪友（2018）认为提高污染物的环境保护税税负对相应污染物的影响存在异质性。叶金珍（2017）的研究表明，市场化合理税率的环保税既能有效治理空气污染，又能维持经济福利的稳定增长。

（二）环境补贴

环境补贴是政府为鼓励排污者减少污染排放，或当企业无力支付治理污染的费用时，政府通过专项支付、低息贷款、设备购置退税等形式给予企业一定环境性质的资金支持，以共同治理环境污染。环境补贴同样可分为广义和狭义的概念，广义的环境补贴可视为所有为降低污染、节约能耗、改善环境等一系列的资金资助，除了研发、技术、设备、工艺、改造的资金支持外，还包括绿色贴息贷款、税收征收补贴、外汇汇率变动补贴。狭义的环境补贴为与环境治理直接相关的专项资金补贴，如对购买污染治理、污染监控设备的补贴。

环境补贴是一种面向经济主体行为的经济激励政策，通过对保护环境和自然资源的资助，对企业（或行业）在治理污染排放、改善产品加工工艺、推动清洁生产和节能减排的补贴，来激励生产者持续地提供正外部性或减少负外部性，从而达到社会最优的环境服务水平和环境污染水平。绿色补贴可分“奖励型”“惩罚型”两种不同的激励方式（刘炯，2015），前者有助于提升环境投入，后者有助于强化环境规制。绿色补贴被视为一项机会成本，排污者因选择减少排放污染物可获得补偿，如果选择继续排放污染，则视为放弃了这一补偿，因而被用作鼓励污染控制或减轻监管冲击的激励。中国现有多种环境补贴，例如绿色建筑补贴、绿色生态补贴、绿色制造重点项目补助、节能环保补贴等。

环境补贴可以提高绿色技术的扩散率与扩散速度，推进绿色生产技术的持续升级，进而在一定程度上弥补了不同绿色技术之间的互补性或者创新性的差距（杨国忠和姜玙，2018）。有学者认为政府提供的绿色贷款补贴能够提高企业技术创新的意愿，通过减少企业的能源排放来改善环境质量（Li，2018）。绿色补贴有利于促进能源价格改革，改变化石与清洁能源间的替代弹性，有效改善能源消费结构，降低主要污染物排放强度（徐晓亮，2018）。环境补贴还可以促进绿色效率的提高（Bai，2018）和促进消费（He，2017）。杨飞（2017）的研究认为，如果只单独实施环境税或环境补贴，对清洁技术创新的激励不够大；如果环境税或环境补贴政策能够“双管齐下”，对清洁技术创新的作用更显著。魏巍贤和赵玉荣（2017）也认为绿色补贴可优化能源结构，这是增进大气环境效益的根本原因，绿色补贴减少了温室气体、污染气体的总排放量和颗粒物浓度。并且在补贴的基础上如果辅以环境税，实现补贴与税收双管齐下不仅可以有效地增进大气环境福利效益，而且还能抵消征税对经济增长的负面效应（张培丽，2018）。

三、约束机制的作用机理

提升生态全要素生产率的约束机制可以从供给侧和需求侧两个维度来分析。从供给侧来看，经济系统的总产出是资本、劳动力、资源、其他投入共同作用的结果，这些生产要素在生产过程中通过一定的组织、配置、合作等形式形成生产关系，并相互产生联系。提升生态全要素生产率中的经济主体，在生产过程中进行决策时必然会受到减排机制的约束。从需求侧来看，包括能源产品在内的社会总投资、总消费、进出口总额也会受到总量减排和强度减排的影响。减排约束下需求侧的变化能够推动提升生态全要素生产率。

（一）总量减排约束[①]

总量减排约束性政策对中国污染排放量产生了显著的结构性影响，在保证经济平稳增长的路线下，总量减排的约束势必会造成碳排放高峰值的下降（石莹等，2015）。在总量约束的前提下，如何分配污染排放量对于地方和国家的经济绩效都将产生重要的影响。李丽平（2010）将总量减排区分为工程减排、管理减排、结构减排三种方式，且其研究表明，不同的减排方式对总量减排目标具有不同的效果，会出现正的和负的协同效应，甚至存在无效的零和协同效应，而正的协同效应主要来自结构减排。林伯强（2015）认为环境治理下的煤炭消费和二氧化碳排放峰值并不会明显抑制经济发展，即使在严格的环境治理约束下，就业仅下降0.014%，对应的GDP下降0.927%。这对总体就业的影响很小，对产出的影响也不大。

（二）强度减排约束

强度减排约束是制定单位产出的污染物排放目标来实现提升生态全要素生产率。与总量减排相比，强度减排保证了经济增长的潜在空间，为发展与治理在空间上的双维联系提供了可能。周县华（2016）对比总量减排和强度减排政策后，认为基于碳强度约束下的减排方案在维持产出水平、增加就业需求、稳定物价和提高劳动者报酬等方面表现出更大的优势。强度约束在一定程度上能够实现发展质量提升和环境福利改善的双赢局面，而这种机制产生的原因主要是由于减排政策能够提升单位要素使用成本，进而降低了资源产品的市场需求，提高绿色资源的市场要素需求，使得资源要素在不同行业间重新配置，最后在推进经济持续增长的同时也实现环境质量的提升（范庆泉，2015）。在碳强度约束下，碳排放降幅高于能源消费降幅，能够促使能源消费和碳排放大幅下降（董梅等，2018）。碳排放绝对效率水平要高于碳强度相对效率水平，但是为了达到全国总体减排成本最小化的目标，应当以碳强度效率为参考，优化分配各省区的最优减排目标（于潇和孙猛，2015）。董梅（2019）发现在碳强度约束下，由于能源价格的上涨，国民经济中非能源部门的价格、产量和综合收入将会下降，带动国内碳排放的综合水平下降。强度减排不仅能够通过减排任务的合理分解实现要素的优化配置并激发“创新补偿效应”，产生相对较高

---

① 2016年12月国务院在《关于印发“十三五”节能减排综合工作方案的通知》中明确要求到2020年，全国能源消耗总量控制在50亿吨标准煤以内。COD排放总量控制在2001万吨，氨氮排放总量控制在207万吨，SO_2排放总量分别控制在1580万吨，氮氧化物的排放总量控制1574万吨以内。

的经济增长效应与社会福利效应（张同斌，2018），而且可以通过优化经济结构实现提升生态全要素生产率。一是通过中间产品抑制工业结构“重型化”趋势；二是将农业减排的压力转化为“富碳农业”的动力，使得农业占GDP的比重上升；三是服务业通过提高非能源要素的投入量，如劳动、资本等要素，替代能源要素的投入，降低能源生产行为的负向影响。

四、保障机制的作用机理

促使各要素在参与提升生态全要素生产率过程中建立多层次、广覆盖面的保障制度，是提升生态全要素生产率全过程的“协同助推器”。

（一）政府主导的污染治理模式

环境公共产品中的政府责任，作为市场经济运行机制中的制度安排，被看作弥补市场失灵、维护市场良性运作、履行社会管理职能的有效手段。政府主导的环境治理主要体现在环境治理的决策、执行、监督三个层面：决策层面，政府加强行政立法，及时颁行环境保护的政策、法规，使环境治理有法可依。在治理执行层面推进各项制度的宣传、教育、组织设置、资金分配、使用。环境治理监督层面，环境治理工作的跟踪、环境治理效果的评估和反馈（娄树旺，2016）。地方政府在治理过程中需要处理多方面的关系，包括自身的环境治理、与其他地方政府和民众的协作治理三个方面关系（崔晶，2016）。政府主导的环境治理模式中，环境治理管理体制是争议的焦点。从各国管理实践来看，环境保护职责主要通过行政科层制在各级政府之间实现合理配置，环境分权是政府实行环境公共治理的一项重要制度安排。盛巧燕、周勤基（2018）基于全球78个国家的数据研究表明，环境集权类国家表现出更好的环境质量。而祁毓、卢洪友和徐彦坤（2014）则认为环境治理的分权加剧了财政分权对环境保护的激励不足。李强（2017）也认为当环境治理权分离未形成市场壁垒时，环境治理分权能够促进企业生产效率的提升；当环境治理权分离形成市场壁垒时，会抑制企业生产效率的提升。

从政府治理的角度看，首先，政府可以通过建立推动提升生态全要素生产率的科学规划机制保障提升生态全要素生产率。与社会公众相比，政府拥有广泛的社会资源，因而政府具有成为提升生态全要素生产率引导者的先天优势。政府制定提升生态全要素生产率战略规划，设计提升生态全要素生产率的执行机制和运营路径，明确提升生态全要素生产率过程中的参与主体、阶段目标、执行方法、检验方法、评估标准，牵引提升生态全要素生产率战略。其次，政府可以通过提供生态环境制度供给，保障提升生态全要素生产率。制度供给是政府实施生态环境管理的首要任务，也是政府存在的前提条件。政府通过明确环境法律的刚性约束，完善生态环境司法制度，提高生态环境司法执行能力，保障各相关主体推动提升生态全要素生产率的权利和义务。政府通过建立包括资源资产管理制度在内的环境管理制度，完善生态补偿制度、资源定价制度、有偿使用制度、环境赔偿制度、生态修复制度等，保障提升生态全要素生产率的执行体系。最后，政府通过环境监管权，保障提升生态全要素生产率。政府推动环境管理权的变革，调整集权与分权的关系，增强提升生态全要素生产率的组织保障能力。2016 年，中国实施省以下环保机构垂直管理，将地方为主的环境管理体制调整为集权化的管理体制，增强环境管理的统一性、规范性、可借鉴性，是保障提升生态全要素生产率的新措施。

（二）公众参与的污染治理模式

公众参与的治理模式强调各类社会主体在自愿、平等基础上通过合作与协调，构成一个绿色的复合型主体，形成一个绿色的社会系统，最大限度地维护生态安全，保护环境，促进人类与自然的和谐共生（杨立华，2014）。公众参与环境治理的正式渠道主要有信访、人民代表大会和政治协商会议提案、环保行政诉讼和行政仲裁、参加环境影响评估的听证会、互联网诉求发布、对污染问题的法律诉讼等。公众参与环境治理本质上体现了政府与公众对环境问题的合作管理，是国家的权力向社会的回归，政治过程的民主化表现。李子豪（2017）研究表明，公众参与明显助推地方政府环境治理，由于环保信访等能够为地方环境执法部门提供直接执法线索，而环保提案则会给环境执法部门带来直接压力；由于地区间的 GDP 产出导向扭曲环保投资，而地区环保提案、网络环保舆论则会对地方政府环保活动的产生较大压力，促进地方政府加大环境治理投资。公众在提升生态全要素生产率中的理念、偏好、行为甚至是习惯，都是影响生态治理方向、进程和质量的重要原因。只有获得广泛而有效的社会公众支持，生态治理才能取得成果（杜飞进，2016）。

从公众角度看，公众参与生态环境治理的程度，反映了国家生态文明的发展程度。公众参与通过发挥民间环境组织的作用，保障提升生态全要素生产率监督的专业性。民间环境组织具有一定的专业知识，可以为社会公众参与环境治理提供专业化的指导，提高公众参与、解决、监督环境事务的能力，成为公众与政府沟通和合作的桥梁。公众参与通过发挥舆论监督作用，保障提升生态全要素生产率的规范性。通过环境教育提高公众对环境问题的重视，提高公众的参与意识和责任感，自觉参与生态保护。公众认识程度的提高，使个体认识到每个人都是环境治理的重要力量，有助于激发绿色技术研发的积极性。公众参与环境治理的规模不论大小，只要有多个合作性的群体一旦联合起来，提升生态全要素生产率的质量和效率就能得以保证。

第二节 提升路径的模型构建

一、动力机制的模型构建

本节构建经济计量模型，实证检验提升生态全要素生产率增长的动力机制。模型如下：

$$SLP = C + \beta_1 ENTER_{i,t} + \beta_2 INP_{i,t} + \beta_3 FIP_{i,t} + \beta_4 URP_{i,t} + \beta_5 EDU_{i,t} + \beta_6 R\&D_{i,t} + \beta_7 EIP_{i,t} + \beta_8 ROAD_{i,t} + \beta_9 POPU_{i,t} + \delta \tag{7-1}$$

式（7－1）中，ENTER 用以衡量“中等收入陷阱”推动提升生态全要素生产率的动力，本研究以人均 GDP（PGDP）、人均收入（PINCOME）作为表征指标，数据来源于《中国统计年鉴》各年数据。为了增加模型的稳定性，本研究分别采用当年价格（PGDP、PINCOME）和基期为 1990 年的不变价格（PGDP1990、PINCOME1990）加以检验。

二、激励机制的模型构建

本研究构建经济计量模型，从环境税和政府补贴两个维度实证检验提升生态全要素生产率的激励机制。模型如下：

$$SLP = C + \beta_1 TAX_{i,t} + \beta_2 SUB_{i,t} + \beta_3 INP_{i,t} + \beta_4 FIP_{i,t} + \beta_5 URP_{i,t} + \beta_6 EDUP_{i,t} + \beta_7 R\&D_{i,t} + \beta_8 EIP_{i,t} + \beta_9 ROAD_{i,t} + \beta_{10} POPU_{i,t} + \delta \tag{7-2}$$

（1）环境税收指标。1982 年 2 月 5 日，国务院发布的《征收排污费暂行办法》，已于 2002 年 1 月 30 日国务院第 54 次常务会议通过，自 2003 年 7 月 1 日起施行。2016 年 12 月 25 日，全国人民代表大会常务委员会审议通过《中华人民共和国环境保护税法》，自 2018 年 1 月 1 日起施行。因此本研究采用征收的环境排污费作为环境税收 TAX 的衡量指标，数据来源于《中国环境年鉴》

各年数据。鉴于矿产资源税的征收地点主要在矿产开采地区，受资源禀赋不同的影响，各省的矿产资源税收对象并不相同，难以比较，而资源使用价格中也包含矿产税收，难以分割，因此本研究的研究主要为环境税收。

（2）环境补贴衡量指标。环境补贴 SUB 本研究采用各省财政支出中关于环境方面的补贴支出，数据来源于实际调研数据。

三、约束机制的模型构建

本节构建经济计量模型，从总量减排约束和单位强度约束两个维度实证检验提升生态全要素生产率的约束机制。模型如下：

$$\begin{aligned}SLP = C &+ \beta_1 Total_{i,t} + \beta_2 Total\text{-}u_{i,t} + \beta_3 FIP_{i,t} + \beta_4 URP_{i,t} + \beta_5 EDUP_{i,t} \\ &+ \beta_6 R\&D_{i,t} + \beta_7 EIP_{i,t} + \beta_8 ROAD_{i,t} + \beta_9 POPU_{i,t} + \delta \end{aligned} \qquad (7-3)$$

（1）总量减排指标。本研究从污染总量减排和能源降耗两个维度来衡量总量减排指标，其中总量指标 $Total_{i,t}$ 分别从污染 Total-pollution 和能源 Total-energy 两个维度来分析，Total-pollution 为污染总量，为废水排放总量（万吨）、工业二氧化硫排放总量（万吨）、二氧化碳排放总量（万吨）的总和；Total-energy 为能源消耗总量（万吨标准煤）。各项数据来源于《中国环境年鉴》《中国统计年鉴》《中国能源统计年鉴》各年资料。

（2）单位强度减排指标。单位强度指标 $Total\text{-}u_{i,t}$ 同样从污染和能源两个维度来分析，UN-pollution 为单位 GDP 带来造成的废水排放量（吨/万元 GDP）、工业二氧化硫排放总量（吨/万元 GDP）、二氧化碳排放总量（吨/万元 GDP）的总和；UN-energy 为单位 GDP 消耗的能源（吨标准煤/万元 GDP）。各项数据来源于《中国环境统计年鉴》《中国统计年鉴》《中国能源统计年鉴》《中国工业统计年鉴》各年资料。

四、保障机制的模型构建

本节构建经济计量模型，从政府主导和从公众参与两个维度实证检验生态全要素生产率的保障机制。模型如下：

$$\begin{aligned}SLP = C &+ \beta_1 GOVER_{i,t} + \beta_2 PUB_{i,t} + \beta_3 FIP_{i,t} + \beta_4 URP_{i,t} \\ &+ \beta_5 EDUP_{i,t} + \beta_6 R\&D_{i,t} + \beta_7 EIP_{i,t} \\ &+ \beta_8 ROAD_{i,t} + \beta_9 POPU_{i,t} + \delta \end{aligned} \qquad (7-4)$$

（1）政府主导的环境治理模式。$GOVER_{i,t}$ 本研究分别采用各省环境保护系统人员数量（STA）和各省环保系统从业人员占全省从业人员比例（STAP）两个指标来衡量政府为主导的环境治理模式的效果。数据来源于《中国环境统计年鉴》《中国统计年鉴》《中国劳动统计年鉴》各年数据。

（2）公众参与的环境治理模式。公众参与环境治理的主要途径是投诉、反馈、举报、监督等各种环境问题，因此 $PUB_{i,t}$ 指标本研究分别用各省环境保护机构收到公众投诉的次数（Toatl-letter）和办结环境信访案件（Total-finish）。Toatl-letter 其值为各省环保机构收到的有关环境污染问题的电话/网络投诉数、来信总数（件）、来访总数（批次）之和；Total-finish 为各年各省环境保护机构办结的电话/网络投诉数、来信总数（件）、来访总数（批次）案件之和。数据来源于《中国环境统计年鉴》《中国统计年鉴》中信访数据各年资料。其中控制变量如下。

INP 为经济结构中第二产业增加值的贡献，用来衡量产业转型的效果，计算时各年的第二产业增加值和 GDP 总值均平减为 1990 年的不变价格（李政大和刘坤，2018）。FIP 为固定资本形成率，即固定资本形成额占当年 GDP 比重，用以表示经济的发展方式，计算时需要利用固定资产投资价格指数将各年固定资本形成额平减为 1990 年的不变价格。UR 为城镇化水平，利用城市常住人口占总常住人口的比例来表征。EDUP 为教育经费占 GDP 比重，用来判断教育投入水平（李政大和刘坤，2018）。R&D 为研发投入占 GDP 比重，反映创新投入强度情况。EIP 为环境治理投入占 GDP 比重，用来检验生态治理水平。为了避免内生性，本研究将完全外生的指标公路里程 ROAD、人口规模 POPU 也作为控制变量。以上数据来源于《中国人口统计年鉴》《中国劳动年鉴》《中国教育经费统计年鉴》《中国科技统计年鉴》《中国环境统计年鉴》《中国固定资产投资统计年鉴》《中国财政统计年鉴》《中国交通统计年鉴》等各年数据。

各项指标的描述性统计结果见表 7－1。

表 7－1　变量的描述性统计

类型	变量	样本数量	均值	标准差	最小值	最大值
动力机制变量	PGDP	570	9.448	0.877	7.700	11.180
	PGDP1990	570	8.633	0.668	7.200	10.180
	PINCOME	570	8.546	0.730	7.420	10.010
	PINCOME1990	570	7.490	0.242	6.920	8.070
激励机制变量	TAX	570	9.783	1.106	5.850	11.520
	SUB	570	12.494	1.145	9.790	14.380

续表

类型	变量	样本数量	均值	标准差	最小值	最大值
约束机制变量	Total-pollution	570	10. 280	7. 960	0. 001	35. 520
	UN-pollution	570	60. 450	31. 530	0. 001	150. 200
	Total-energy	570	6778. 810	4684. 330	707. 000	20575. 000
	UN-energy	570	4. 117	1. 850	1. 320	10. 040
保障机制变量	Total-finish	570	15621. 230	2224. 110	36. 000	122287. 000
	Total-letter	570	16904. 760	21541. 100	56. 000	12236. 000
	STAP	570	2. 252	0. 983	0. 570	4. 720
	STA	570	3450. 691	2147. 169	337. 000	12502. 000
控制变量	FIP	570	60. 723	18. 661	31. 800	138. 070
	URP	570	38. 425	10. 488	14. 040	62. 600
	INP	570	45. 292	5. 225	34. 800	58. 400
	EDUP	570	5. 295	1. 250	2. 380	9. 830
	EIP	570	1. 084	0. 968	0. 160	7. 040
	R&D	570	0. 826	0. 585	0. 070	2. 980
	ROAD	570	11. 263	0. 820	9. 110	12. 690
	POPU	570	7. 841	0. 792	6. 210	9. 050

资料来源：笔者收集。

第三节 提升路径的实证分析

一、动力机制的实证分析

表 7 –2 展示了提升生态全要素生产率机制的检验结果。模型 1 –4 中不论是采用当年价还是采用不变价（基期 =1990）计算的 PGDP、PGDP1990、PINCOME、PINCOME1990，均通过显著性检验，说明跨越“中等收入陷阱”对加快转变经济发展方式，推动提升生态全要素生产率能够产生明显的牵引动力。

模型 1、模型 2、模型 3、模型 4 分别采用当年价人均 GDP、1990 年不变价人均 GDP、当年价人均收入、1990 年不变价人均收入来分别检验经济发展水平对提升生态全要素生产率的影响，结果显示，提升生态全要素生产率动力对提高生态全要素生产率水平的影响是稳定的。模型 1 －4 通过采用 Davidson-MacKinnon 检验来检验是否存在内生性问题，结果表明模型1 －4不存在内生性问题。

表 7 －2　　动力机制检验结果

变量	模型 1	模型 2	模型 3	模型 4
PGDP	0. 120 ** (－2. 35)	—	—	—
PGDP1990	—	0. 155 ** (－2. 42)	—	—
PINCOME	—	—	0. 113 ** (－2. 36)	—
PINCOME1990	—	—	—	0. 627 *** (－2. 84)
INNER	—	—	—	—
L1. INNER	—	—	—	—
FIP	－0. 004 *** (－3. 49)	－0. 004 *** (－3. 38)	－0. 004 *** (－3. 69)	－0. 003 ** (－2. 15)
URP	－0. 003 (－0. 78)	－0. 003 (－0. 91)	－0. 001 (－0. 39)	－0. 005 (－0. 12)
INP	0. 005 (－1. 29)	0. 006 (－1. 58)	0. 007 * (－1. 85)	0. 007 * (－1. 9)
EDUP	0. 016 (－1. 12)	0. 019 (－1. 43)	0. 015 (－1. 13)	0. 009 (－0. 55)
EIP	0. 01 (－0. 68)	0. 001 (－0. 05)	0. 007 (－0. 53)	0. 008 (－0. 5)
R&D	－0. 033 (－1. 04)	－0. 034 (－1. 14)	－0. 035 (－1. 2)	－0. 106 (－1. 40)
ROAD	－0. 032 (－0. 86)	－0. 029 (－0. 84)	－0. 017 (－0. 52)	－0. 026 (－0. 50)
POPU	0. 012 (－0. 3)	0. 006 (－0. 16)	0 0	－0. 865 *** (－2. 84)
_cons	－0. 697 ** (－2. 46)	－0. 952 *** (－2. 97)	－0. 735 *** (－2. 62)	2. 386 (－1. 03)
R-squared	0. 4678	0. 5667	0. 47045	0. 1186

续表

变量	模型 1	模型 2	模型 3	模型 4
Wald chi2(n)	21.09 ***	23.67 ***	23.35 ***	3.16 ***
Davidson-MacKinnon	0.55	0.05	0.07	0.4

注：*、**、*** 分别表示在 10%、5%、1% 的水平上显著。
资料来源：Stata 输出。

二、激励机制的实证分析

表 7-3 展示了不同激励手段对于提升生态全要素生产率水平的检验结果，其中模型 1 至模型 3 为环境税的检验结果，模型 4 至模型 5 为环境补贴的检验结果，模型 6 为环境税与绿色补贴交叉项检验结果。模型 1 至模型 3 显示，在控制不同的变量之后，环境税均通过显著性检验，说明环境税对西部绿色发展具有显著的正向影响。为了检验模型的稳定性，本节将解释变量 TAX 替换为“环境税占环境治理支出的比例”，将解释变量 SUB 替换为“绿色补贴占财政支出的比例”，检验结果均没有出现较大变化，说明模型是稳定的、可信的。采用 Davidson-MacKinnon 检验来检验模型中是否存在内生性问题，模型 1 至模型 6 均显示没有内生性问题。模型 6 结果显示，环境税与绿色补贴交叉项也通过显著性检验，说明环境税和绿色补贴两项政策工具也具有相互促进的效果。

表 7-3　　激励机制检验结果

解释变量	模型 1	模型 2	模型 3	模型 4	模型 5	模型 6
TAX	0.054 ** (-2.34)	0.022 * (-2.32)	0.0221 * (-1.78)	—	—	—
SUB	—	—	—	0.028 * (-1.74)	0.035 ** (-2.09)	—
TAX × SUB	—	—	—	—	—	-0.018 * (-1.76)
FIP	-0.008 (-0.58)	-0.002 ** (-2.37)	-0.001 (-1.39)	-0.003 *** (-2.65)	-0.003 *** (-2.88)	-0.002 * (-1.76)
URP	—	—	—	0.001 (-0.52)	0.001 (-0.52)	-0.002 (-0.37)
INP	—	0.008 ** (-2.44)	—	0.004 (-1.26)	0.004 (-1.53)	0.003 (-0.091)

续表

解释变量	模型 1	模型 2	模型 3	模型 4	模型 5	模型 6
EDUP	-0.009 (-0.6)	0.013 (-1.08)	0 (-0.06)	—	—	—
EIP	0.021 (-1.33)	0.01 (-0.73)	0.016 (-1.12)	0.011 (-0.77)	0.008 (-0.6)	0.005 (-0.3)
R&D	—	-0.029 (-1.02)	-0.001 (-0.03)	—	-0.033 (-1.28)	-0.139 * (-1.9)
ROAD	-0.739 ** (-2.37)	—	—	—	—	-0.765 ** (-2.54)
_cons	5.434 ** (-2.3)	-0.407 ** (-2.21)	-0.078 (-0.61)	-0.320 * (-1.82)	-0.400 ** (-2.14)	5.080 ** (-2.24)
R-squared	0.1505	0.202	0.1897	0.2254	0.2009	0.184
Wald chi2(n)	15.15 *	10.91 *	13.11 *	14.1 *	15.89 **	16.65 **
Davidson-MacKinnon	0.7225	0.6471	0.9607	1.1767	1.0481	0.4541

注：*、**、*** 分别表示在 10%、5%、1% 的水平上显著。
资料来源：Stata 输出。

环境税的实质是把污染者的外部性成本转化为内部成本，通过增加生产者的排污成本，从而达到控制污染排放的目标。《排污费征收使用管理条例》中规定排污费的使用范围主要包括重点污染源防治、区域性污染防治、污染防治新技术、新工艺的开发、示范和应用、国务院规定的其他污染防治项目。因此，不同地区可以通过环境税的政策手段，能较为直接地影响生态全要素生产率水平的提升。

三、约束机制的实证分析

表 7-4 中的模型 1 至模型 6 检验了不同约束手段对于中国生态全要素生产率的影响，其中模型 1、模型 3、模型 4 和模型 6 分别检验了单位污染排放约束对生态全要素生产率的影响，模型 1、模型 2、模型 5 和模型 6 分别检验了污染排放总量的约束效果。结果显示，单位污染排放指标均通过显著性检验，与生态全要素生产率呈负向关系，说明单位污染量越小，生态全要素生产率越高。这也说明以单位污染排放量为约束手段可以提升生态全要素生产率。模型 1、模型 2、模型 5 和模型 6 检验结果显示，污染排放总量指标并没有通

过显著性检验，其对提升生态全要素生产率并没有产生显著性影响。

表7-4　约束机制检验结果

解释变量	模型1	模型2	模型3	模型4	模型5	模型6
UN-pollution	-0.002** (-2.16)	—	-0.002** (-2.25)	-0.001** (-2.20)	—	-0.002** (-2.41)
Total-pollution	-0.002 (-0.38)	-0.003 (-0.73)	—	—	-0.003 (-0.73)	-0.003 (-0.64)
FIP	-0.001 (-1.20)	-0.001 (-1.09)	-0.001 (-1.18)	-0.001 (-1.13)	-0.001 (-1.13)	-0.002** (-2.01)
URP	0.002 (-0.67)	0.005* (-1.69)	0.003 (-1.04)	0.002 (-0.87)	0.006** (-2.39)	0.002 (-0.63)
INP	0.001 (-0.3)	0.002 (-0.72)	0.001 (-0.29)	0 (-0.17)	0.002 (-0.88)	0.001 (-0.28)
EDUP	-0.008 (-0.63)	-0.008 (-0.63)	-0.009 (-0.70)	-0.01 (-0.78)	-0.008 (-0.59)	-0.008 (-0.61)
EIP	0.024* (-1.92)	0.029** (-2.36)	0.024* (-1.96)	0.025** (-2.08)	0.029** (-2.34)	0.026** (-2.05)
R&D	-0.07 (-1.14)	-0.028 (-0.47)	-0.066 (-1.09)	-0.06 (-1.01)	-0.029 (-0.50)	-0.082 (-1.33)
ROAD	-0.025 (-0.63)	0.011 (-0.31)	-0.022 (-0.57)	—	—	—
POPU	-0.417* (-1.82)	-0.484** (-2.11)	-0.429* (-1.90)	-0.450** (-2.02)	-0.474** (-2.09)	—
_cons	3.738** (-2.15)	3.587** (-2.05)	3.786** (-2.19)	3.741** (-2.17)	3.596** (-2.06)	-0.002** (-2.41)
R-squared	0.2346	0.2456	0.2484	0.1226	0.1418	0.2215
F（n）test	2.81***	3.12***	2.56***	3.32***	2.28**	3.23***
Davidson-MacKinnon	0.0387	0.355	0.2616	0.1791	0.004	0.1914

注：*、**、***分别表示在10%、5%、1%的水平上显著。
资料来源：Stata输出。

从总量减排来看，总量减排工作还面临着一个典型的碎片化的治理结构（吴瑞财，2018），如何有效激励下级政府始终是总量减排目标能否实现的关键。有学者认为以总量减排为目标的环境控制政策并非是中国环境保护的长久之计，“十一五”以来实施的总量减排并没有带来根本性的环境管理变革（Liu，2012）。此外，污染物新增量管理还有待改进。根据宋修霖（2015）的研究，中国“十一五”期间污水处理厂新增加的化学需氧量削减能力比预期高15%以上，但是全国的造纸、酒精、味精、柠檬酸等重点行业的化学需氧量削减量则低于预期，原因就在于总量减排约束下，地方政府往往会优先削减对GDP影响最小的行业污染排放，而将配额留给对经济发展贡献最大的行业，而造纸、化工、金属等行业由于规模大、利税高、就业多，因经济贡献高而受到地方政府的保护，影响总量减排效果。

从单位减排来看，一个地方的污染排放结构和排放强度代表了本地的减排需求和减排潜力（宋修霖，2015），排放强度高意味着生产和污染治理技术水平落后（成艾华，2011），越是落后的地区其减排空间也就越大，其经济发展也面临越大的环境污染压力，就更容易引起社会的关注。中国各地区污染物排放强度均存在显著的收敛，且西部收敛速度最快，刘亦文发现在引入人均GDP等六个变量后，强度排放存在条件β收敛，随着经济的发展，各地区的单位GDP污染物排放强度会在一定条件下，达到各自的稳定水平，但并不会收敛到同一水平。说明各个地区的污染强度受本地区内部经济结构等因素的影响，与其他地区呈现不同的减排效果。

四、保障机制的实证分析

表7－5中的模型1至模型6分别检验了社会公众参与的环境治理模式对于生态全要素生产率效率的影响，其中模型1至模型3检验了信访案件受理量对于生态全要素生产率的影响，模型1至模型4检验了社会公众环境监督案件办结数量对于生态全要素生产率的影响。检验结果显示，模型均通过显著性检验，说明人民群众、社会民间组织参与同生态全要素生产率具有显著的正相关性。公众参与在生态环境协同治理中占据特殊的主体地位，公民的生态意识水平直接关系到中国生态环境治理的成败、经济社会的和谐与可持续发展（邹庆华，2016）。随着中国国力的日益提升，公民的素质也在不断提高，生态认识和生态意识不断增强，因此社会公众参与到环境治理中能起到十分重要的作用。就公共治理而言，在环境治理中，单一的治理模式不足以解决复杂的环境

治理问题，政府、民间组织、社会公众、个人等主体因参与身份和认识问题的角度差异会有不同的倾向性偏好，这对于环境治理是十分有益的，因为通过增加治理的多样性而提高治理的弹性可以有效应对环境治理这个复杂系统的困境（唐任伍，2014）。

表 7 - 5　　保障机制中公众参与下的检验结果

解释变量	模型 1	模型 2	模型 3	模型 4	模型 5	模型 6
Total-finish	0. 000 * (-1. 81)	0. 000 * (-1. 82)	0. 000 * (-1. 82)	—	—	—
Total-letter	—	—	—	0. 000 ** (-2. 05)	0. 000 ** (-2. 06)	0. 000 ** (-2. 06)
FIP	-0. 002 * (-1. 88)	-0. 002 ** (-2. 03)	-0. 002 ** (-2. 16)	-0. 001 * (-1. 73)	-0. 001 * (-1. 75)	-0. 002 ** (-1. 99)
URP	0. 002 (-1. 56)	0. 003 * (-1. 77)	0. 002 * (-1. 85)	0. 002 (-1. 36)	0. 002 (-1. 5)	0. 002 (-1. 59)
INP	0. 002 (-0. 68)	0. 002 (-0. 86)	0. 002 (-0. 86)	0. 002 (-0. 75)	0. 002 (-0. 81)	0. 002 (-0. 95)
EDUP	-0. 001 (-0. 08)	—	—	-0. 001 (-0. 09)	-0. 001 (-0. 14)	—
EIP	0. 029 *** (-2. 76)	0. 029 *** (-2. 81)	0. 029 *** (-2. 83)	0. 029 *** (-2. 68)	0. 029 *** (-2. 73)	0. 028 *** (-2. 75)
R&D	-0. 032 (-1. 41)	-0. 033 * (-1. 72)	-0. 032 * (-1. 77)	-0. 034 (-1. 50)	-0. 033 * (-1. 66)	-0. 035 * (-1. 87)
ROAD	-0. 001 (-0. 05)	-0. 002 (-0. 10)	—	-0. 001 (-0. 06)	—	—
POPU	0. 014 (-0. 49)	0. 015 (-0. 6)	0. 013 (-0. 83)	0. 014 (-0. 49)	0. 013 (-0. 79)	0. 013 (-0. 82)
_cons	-0. 132 (-0. 63)	-0. 141 (-0. 77)	-0. 142 (-0. 79)	-0. 133 (-0. 64)	-0. 13 (-0. 64)	-0. 144 (-0. 81)
R-squared	0. 7574	0. 76	0. 7559	0. 7609	0. 7581	0. 7594
Wald chi2 (n)	30. 88 ***	31. 02 ***	31. 15 ***	31. 31 ***	32. 8 ***	32. 21 ***
Davidson-MacKinnon	1. 3584	1. 0232	1. 2641	0. 8334	0. 8393	0. 854

注：*、**、*** 分别表示在 10%、5%、1% 的水平上显著。

资料来源：Stata 输出。

表7－6中的模型7至模型12分别检验了政府主导的环境治理模式对生态全要素生产率的影响结果，其中模型7至模型9和模型10至模型12分别以环保系统人员占全社会从业人员比例、环保系统人员绝对数量为表征指标，检验了政府环境治理力度对于生态全要素生产率的影响。检验结果显示，模型均通过显著性检验，说明政府主导的环境治理模式对于提升生态全要素生产率同样具有重要意义。政府主导的环境治理的目标就是使包括环境在内的社会公共利益最大化，其中涉及社会、公民、市场等多要素，缺乏“统领”，则各种治理模式、市场和社会网络机制无法有效运作。各要素中只有政府具有比较优势，作用无人能替代，所以政府主导的环境治理模式对于绿色发展具有重要意义。中国作为一个新兴市场化国家，虽然经过四十多年的改革开放，社会主义法治建设取得明显成效，社会治理和政府管理能力也有了长足的进步，但由于当前生态环境治理制度体系不完善，治理的政策工具手段不统一，政府治理的经验不丰富，政府公共事业管理的能力有待加强等原因，传统的规制型手段仍然是主要治理工具，甚至在面对严峻的环境恶化趋势时，强制性的规制方式还在强化（任志宏和赵细康，2006）。微观层面，政府作为环境治理的主体可以通过设计不同的环境规制手段（如环境税、排污费、环境补贴和排污权交易等），形成推动企业内部采用清洁生产技术和污染治理技术的强大动力，有利于持续激励企业加大绿色生产技术研发力度，提高微观绿色水平。

表7－6　　保障机制中政府主导下的检验结果

解释变量	模型7	模型8	模型9	模型10	模型11	模型12
STAP	0.054** (－2.27)	0.042* (－1.79)	0.039* (－1.69)	—	—	—
STA	—	—	—	0.000** (－2.21)	0.000** (－2.19)	0.000** (－2.17)
FIP	0 (－0.21)	－0.001 (－1.24)	－0.001 (－1.51)	0 (－0.32)	—	—
URP	0.003 (－0.98)	0.003 (－0.98)	0.004 (－1.51)	0.004 (－1.47)	0.004 (－1.44)	0.004* (－1.81)
EDUP	－0.01 (－0.74)	－0.01 (－0.72)	—	－0.005 (－0.41)	－0.006 (－0.52)	—
EIP	0.029** (－2.34)	0.031** (－2.54)	0.029** (－2.44)	0.028** (－2.27)	0.027** (－2.28)	0.025** (－2.23)

续表

解释变量	模型 7	模型 8	模型 9	模型 10	模型 11	模型 12
R&D	-0. 021 (-0. 37)	-0. 017 (-0. 29)	-0. 025 (-0. 45)	-0. 029 (-0. 49)	-0. 03 (-0. 51)	-0. 04 (-0. 70)
POPU	-0. 555 ** (-2. 41)	—	—	-0. 475 ** (-2. 10)	-0. 504 ** (-2. 46)	-0. 522 ** (-2. 59)
_cons	4. 225 ** (-2. 37)	-0. 055 (-0. 40)	-0. 123 (-1. 24)	3. 579 ** (-2. 05)	3. 815 ** (-2. 42)	3. 906 ** (-2. 5)
R-squared	0. 2675	0. 26	0. 2172	0. 2684	0. 268	0. 2726
F (n) test	3. 15 ***	2. 65 **	3. 08 ***	3. 12 ***	3. 44 ***	4. 32 ***
Davidson-MacKinnon	0. 8647	1. 4067	1. 5059	0. 0369	0. 8393	0. 0361

注：*、**、*** 分别表示在 10%、5%、1% 的水平上显著。
资料来源：Stata 输出。

第八章　研究结论与政策建议

第一节　研究结论

本研究以中国省级单位为研究对象，聚焦“如何提升不同区域生态全要素生产率”这一亟待解决的重大理论和现实问题。基于强可持续发展理论，将强可持续发展理论的环境福利非减性发展约束引入生态环境质量评价，从环境建设和环境损害两个维度对中国各省的生态环境质量进行综合评价。继而将生态环境建设和能源消费引入生产技术，将环境损害和经济产出引入生产过程，按不同形式引入生态全要素生产率的测度与提升路径模型，建立强可持续的全要素生产率研究新范式。本书提出一种时间因子非径向投入导向的生态全要素生产率指标，以投入目标值与实际值的比率表示要素的全要素生产率，将生产要素的序列方向性距离函数与生态全要素生产率指标相结合，构建要素绩效与总体绩效之间“分—总”的研究范式。从生产要素的视角对总体绩效进行系统性分解，进而实现要素绩效对总体绩效的贡献度评价。充分考虑中国区域经济发展平衡性，从要素绩效和总体绩效两个层面对生态全要素生产率增长进行系统性揭示，动态识别生态全要素生产率增长的时空演变，剖析生态全要素生产率增长的区域差异、要素源泉与动态演化规律。最后通过剖析不同区域的生态全要素生产率提升路径，检验制度环境下不同政策工具的实施效果、触发条件和作用方式，从“国家—区域”两个层面制定提升生态全要素生产率的综合解决方案，进而为不同区域推动生态文明建设，实现经济高质量发展提供路径支持。

一、生态环境质量动态评价与时空演化

基于强可持续发展理论，从生态环境损害和生态环境建设两个维度来构

建系统科学的生态环境质量动态评价体系，提出包含生态环境损害指数（EPI）、生态环境建设指数（EMI）和生态环境质量指数（EQI）在内的生态环境质量评价指标，并运用纵横向拉开档次法和定基功效系数法对其进行动态测度，在此基础上运用核密度估计、Markov 链、泰尔指数、ESDA 分析和空间动态杜宾模型，揭示和解释了中国生态环境质量的时空演化和空间收敛规律。研究有以下发现。

第一，EPI 整体呈现下降趋势，年均降幅 0.95%，生态损害出现缓慢下降，而 EMI 和 EQI 整体呈现上升趋势，年均增幅分别为 2.79% 和 0.39%，生态建设不断加强，环境质量出现小幅改善。在区域协调发展和生态文明建设的诉求下，生态环境质量空间分布差距较大，且其特征机制分化明显，西北和西南地区是典型的“低损害—低建设”区域，北部沿海、东部沿海和长江中游是典型的“高污染—高建设”区域，南部沿海是典型的“低损害—高建设”区域，黄河中游和东北地区是典型的“高损害—低建设”区域。

第二，EPI 由两个均衡点向一个均衡点的分化转变，极化趋势出现衰减，EMI 和 EQI 维持着一个均衡点的平稳推进，省际协同效应开始凸显。随着时间推移，EPI 和 EQI 的不同等级存在较强的稳定性，向上转移的难度较大，跳级转移的可能性较低，但依旧存在一定等级下降的转移风险，EMI 向上一等级转移难度较小，跳级转移的可能性较强，且不存在等级下降的风险。八大区域 EPI、EMI 和 EQI 的差异主要源于区域间差异，且存在区域内差异持续缩小和区域间差异不断扩大的演进特征。

第三，EPI、EMI 和 EQI 存在较为显著的全局空间集聚效应，局部空间集聚表现出以 H—H 型集聚和 L—L 型集聚为主的正向集聚特征，都存在 β 条件收敛，空间溢出效应为正，在地理—经济距离矩阵的 EPI、EMI 和 EQI 的收敛率分别为 13.77%、23.80% 和 9.69%，半程收敛周期分别为 5.03 年、2.91 年和 7.15 年。控制变量中经济增长速度、环境治理投资力度、产业高级化水平、市场规制和公众参与对 EPI、EMI 和 EQI 空间收敛的影响方向为负，能耗强度、地区收入水平和人口密度对其空间收敛的影响方向为正，分区域收敛检验中，EPI 收敛速度由快到慢依次为西北地区、南部沿海、西南地区、北部沿海、黄河中游、东部沿海、东北地区和长江中游，EMI 收敛速度由快到慢依次为南部沿海、北部沿海、东部沿海、西北地区、长江中游、西南地区和黄河中游，EQI 收敛速度由快到慢依次为南部沿海、西北地区、西南地区、长江中游、东部沿海、黄河中游、北部沿海和东北地区。

二、生态全要素生产率的动态测度分析

基于强可持续发展理论，将生态环境评价体系纳入生态全要素生产率框架中，提出了引入时间因子非径向投入导向的新型动态生态全要素生产率指标——SLP 指数，将要素绩效向总体绩效拓展，揭示和解释了中国生态全要素生产率的变动趋势、区域差异、要素源泉与动态演化规律。研究有以下发现。

第一，中国要素生产率均有所增长，按“劳动—环境建设—非清洁能源—资本—清洁能源”的次序依次递减，技术效率是要素效率提升的主要驱动力。生态全要素生产率呈现技术效率单轮驱动的增长趋势。

第二，在区域协调发展和生态文明建设的诉求下，地区间生态全要素生产率增长还未实现协调发展。一方面生态全要素生产率增长的区域差距明显，且差距存在扩大的趋势；另一方面地区间生态全要素生产率存在“U”型阶段波动性波动下降趋势，东部地区增长更稳定，中部、西部地区增长波动性更大。

第三，中国生态全要素生产率增长的要素贡献度按“劳动—环境建设—非清洁能源—资本—清洁能源”的次序依次递减，生态效率和技术效率的要素贡献度按“环境建设—劳动—资本—非清洁能源—清洁能源”的次序依次递减，区域间分项要素贡献度存在明显差异，东部地区以劳动和环境建设生产率提升及要素贡献为主，中部、西部地区以劳动和能源的生产率提升及要素贡献为主，环境建设和劳动逐渐成为生态全要素生产率增长的核心动力。

三、生态全要素生产率增长的时空演化

尝试通过 Kernel 核密度估计来刻画要素生产率和生态全要素生产率增长的分布动态演进，并通过方差分解模型进一步对生态全要素生产率增长的分布动态成因进行识别。通过 Dagum 基尼系数来揭示出生态全要素生产率增长的区域差异及其演化机制，进一步识别其生态全要素生产率增长的区域差异成因；通过 Markov 转移矩阵来解释要素生产率和生态全要素生产率增长的长期趋势演进，进一步借助地理探测器来识别其长期趋势演进的要素生产率作用机制。研究发现以下三个方面。

第一，中国要素生产率增长虽然地区差距依旧明显，但已经出现了省际收敛的趋势，要素流动性进一步增强，环境建设生产率流动性较小，劳动和非清洁能源的要素生产率增长的省际差异在缩小，资本生产率的路径依赖较强，区

域间差距出现缩小趋势。生态全要素生产率由双峰分布向单峰分布演进，峰值呈现“U”型阶段性波动下降。生态效率呈现单峰分布，主峰位置左移，峰值出现下降趋势且逐渐平缓。技术效率增长呈现多峰向单峰分布转变，峰值逐渐升高，流动性较低且持久性强，俱乐部收敛仍显著。

第二，中国生态全要素生产率的总体区域差异存在持续增长趋势，不仅区域间差距在扩大，区域内部不平衡的现象也在凸显，区域差异增速呈现出“下降—增长—下降”的频繁波动趋势，波动幅度较大。区域间不平衡是生态全要素生产率总体区域差异的首要来源，其次是区域内不平衡，而超变密度对总体区域差异的贡献度在逐渐降低。生态全要素生产率的效率变动与技术进步出现贡献率结构的明显差异，区域间尚未实现效率改善与技术进步的协同增长，效率改善水平较低仍在制约地区生态全要素生产率的可持续增长。

第三，中国要素生产率俱乐部收敛比较显著，且其跳跃转移概率普遍较小。环境建设的极化效应明显，生态全要素生产率增长的长期趋势较为稳定，但生态效率和技术进步呈现出更明显的水平波动。生态全要素生产率及其生态效率的长期趋势演化中要素生产率的影响程度按“环境建设—非清洁能源—劳动—清洁能源—资本”的次序依次递减，技术进步长期趋势演化中要素生产率的影响程度按“环境建设—非清洁能源—资本—劳动—清洁能源”的次序依次递减。技术进步在资本、劳动和清洁能源上的影响程度出现差别，反映了生态效率与技术进步协同提升的要素错配现象，要素生产率长期趋势演化中的技术进步和生态效率改进的平衡性亟待进一步提升。

四、生态全要素生产率增长的空间收敛

尝试通过空间自相关模型、局部空间聚类模型来识别出生态全要素生产率增长的空间相关性，并在空间互动的视角下，利用动态空间收敛模型，对整体和地区间的生态全要素生产率的空间收敛趋势和影响因素进行全景式的解释。研究有以下发现。

第一，中国生态全要素生产率存在较为显著的全局空间集聚性，集聚的程度随时间的推进呈现波动下降的趋势，扩散效应聚集区主要分布在东部省份，包括京津地区、长三角地区和珠三角地区。过渡效应聚集区主要集中在中部省份，以河北、安徽、江西为主要代表省份。低速效应聚集区主要集中在中部、西部地区的大部分省份，分化效应聚集区主要集中在辽宁和重庆两个省份。生态全要素生产率较接近的地区在地理空间分布上相对集中，空间集聚的显著性

表现为不断扩大后维持稳定的趋势。

第二，生态全要素生产率存在β条件收敛效应且通过了显著性检验，表明中国生态全要素生产率的增长速率开始趋同，且存在一定幅度的空间溢出效应。东部、中部、西部地区生态全要素生产率都呈现较为明显的β条件收敛趋势，且空间外溢效应为正，中部、西部地区的收敛速度大于东部地区。

第三，控制变量中，环境分权会制约生态全要素生产率的提升，而财政分权体制下地方政府财政自主性的增强能有效提升本地生态全要素生产率，推进效率水平不断改善。产业结构升级能有效推动生态全要素生产率提升及其效率改善和技术进步，而环境治理投入占比、外商直接投资以及人均收入水平对生态全要素生产率增长的影响方向为负，这意味着生态全要素生产率并没有与地方经济增长协调发展机制，只有切实推进生态文明建设，转变经济增长动力，才能建立生态全要素生产率平稳增长的协调运作机制，进而实现经济高质量发展。

五、生态全要素生产率增长的提升路径

基于系统论、控制论原理，构建提升生态全要素生产率机制模型，将其分解为动力机制、激励机制、约束机制、保障机制，推演不同机制模型中，各项政策工具的驱动、激励、约束、保障作用的机理，刻画“政府—企业—公众”“经济—环境—资源”之间相互联系、相互作用、相互制约的动态机能，实证检验提升生态全要素生产率中不同政策工具的实施效果。研究有以下发现。

第一，动力机制中，检验了动力机制对提升生态全要素生产率的影响。动力机制通过显著性检验，说明提升生态全要素生产率受经济发展的显著影响，各省不断转变经济发展方式，以跨越“中等收入陷阱”为目的，是推动绿色发展的有效抓手。

第二，激励机制中，分别检验了环境税和环境补贴对提升生态全要素生产率的影响。激励机制检验中，环境税、绿色补贴对提升生态全要素生产率存在显著影响。环境税的实质是把污染者的外部性成本转化为内部成本，从而达到控制污染排放的目标。环境的外部性特征明显，在环境的外部不经济性不能内化的情况下，环境补贴能较为明显地提高生态全要素生产率。整体而言，环境补贴对绿色发展的作用效果要高于环境税收，究其原因，一是中国的环境税种只有排污费，征收范围相对较窄，而随着生活水平的提高，生活污染排放比重逐渐上升，排污费仅面向企业征收，效果有限；二是排污费的价格相对较低，

外部成本转化为内部成本的激励效果不明显，这也是排污费向环境税收改革的主要原因。

第三，约束机制中，分别检验了总量减排约束和单位强度减排约束对于绿色发展水平的检验效果。单位污染量与提升生态全要素生产率呈负向关系，单位污染量越小，提升生态全要素生产率越高，说明以单位污染排放量作为提升生态全要素生产率的约束机制是有效的，能够倒逼各地区主动提高生态全要素生产率。污染排放总量并没有通过显著性检验，其对提升生态全要素生产率影响有限，也说明以总量排污为目标的约束机制并没有起到促进绿色发展的作用。与此相似的是，能源消耗总量也没有通过显著性检验，而单位能耗则通过显著性检验，单位能耗与提升生态全要素生产率呈负相关关系，说明以单位GDP能源消耗为约束目标能有效地提高生态全要素生产率。

第四，保障机制中，分别检验了社会公众参与的环境治理模式和政府主导的环境治理模式对提升生态全要素生产率的影响。社会公众环境监督案件受理数量、办结数量对提升生态全要素生产率具有影响，说明社会公众的参与同提升生态全要素生产率具有显著的正相关性。环保系统人员占全社会从业人员比例和环保系统人员绝对数量也通过显著性检验，说明政府主导的环境治理模式对于提升生态全要素生产率同样具有重要意义。社会公众参与的环境治理模式对绿色发展的影响已经超过了政府主导的环境治理模式，成为主要保障措施。其原因一是2013年之后政府将网络投诉的环境问题案件纳入环境信访范围，扩大了信访监督的来源，增强了信访对环境问题的监督。二是随着公众生活水平的提高，社会公众对于身边的环境问题愈来愈关切，主动参与环境治理的意愿迅速提高。

第二节　政策建议

一、加快建立强可持续发展方式

可持续发展可分为弱可持续和强可持续发展方式，前者认为虽然经济增长导致资源、环境等自然资本的减少，但是只要社会总福利出现增长，即经济福利增长超过自然、环境资本消耗，发展就是可持续的发展。强可持续发展理论认为经济增长必须放在自然的边界内去发展，经济增长的物质扩张是有自然极限的，自然资本是不可替代的，关键自然资本被消耗掉以后，是没有办法用人类的其他资源加以补偿，要求在发展的过程中保持资源、环境等关键自然资本非减性发展。弱可持续发展理论认为物质资本与自然资本之间是可以替代的，因而又被称为可替代发展范式。强可持续发展理论则认为物资资本与自然资本之间是不可替代的，又被称为不可替代发展范式。

第一，将强可持续发展理念作为今后发展的指导思想，做好顶层设计。强可持续发展方式不仅是发展理念，也是工作的指导思想。做好强可持续发展方式的宣传和普及，引导全社会从关注经济、资源、环境总福利的存量，转向关注各个系统福利的存量，做好强可持续发展的规划、执行、监督、考核。把强可持续发展模式作为今后国家、地方政府、职能部门的指导思想，制定国家层面的评估体系，明确评估指标。开展环境专项巡视、督查和审计，形成从投资决策，到投资执行，到投资后评估等闭环管理模式。

第二，建立重要自然资源、环境存量红线控制。借鉴耕地、水资源红线管理的经验，对空气环境、土壤、森林、绿地等实行红线管理，可借鉴河长制的做法，对不同地区设立自然资本的“首席负责人”制，实施存量控制，杜绝经济发展与自然资本之间的交易和替换，形成倒逼机制，限制粗放式 GDP 的规模和速度过快增长。

第三，市场化手段引导强可持续的生活、生产模式。实施可再生能源与不可再生资源区别定价，例如水电、风电和煤电的差异化定价，对于使用可再生能源的个人和单位给予一定的补贴，增加保持资源存量非减性的发展渠道。

第四，建立重要自然资本的核算体系。自然资本要单独核算，必然要建立起科学合理的核算体系，科学制定污染排放与环境建设量的对等结算办法，合理确定可再生资源与不可再生资源的内部结算价格，通过核算体系让每个地方政府清晰地认识向自然界排放一吨的污染物需要补偿的环境建设量和补偿方式，进而保持环境存量的不下降。

第五，支持鼓励强可持续产业发展。强可持续性的绿色发展理论强调地球上主要自然资源的非减性发展，强调在提高非自然资源生产率的同时，要将投资从传统的消耗自然资本产业和企业转向维护、扩展自然资本的产业和企业（佟贺丰等，2015），要求通过教育、学习等方式积累和提高有利于绿色经济的人力资本。因此，大力发展可再生能源生产行业，利用再生资源强的下游行业，做大做强可持续的产业基础，转换经济发展的新动力。

二、把环境建设摆在生态保护的首要位置

环境建设和生态环境治理是保护环境的两条不同路径。前者主要通过增加环境吸收能力，提高自净能力而改善环境，而后者主要是降低污染物对环境的影响。本研究的研究表明，生态环境建设对于强可持续的生态环境质量有重要影响。因此，环境建设应摆在首要位置。

第一，植树造林，提高森林覆盖率。植树造林是最有效的生态建设手段，通过扩大森林覆盖、林地面积，能够提高自然界对二氧化碳、粉尘、烟尘等吸收和消耗量，释放新鲜空气，降低紫外线污染，防止地球加快变暖。

第二，增加城市绿地面积。城市绿地包括人工种植的花草树木，以及被植被覆盖的土地、空旷地和水体。城市绿地可以净化城市空气、净化水资源、防治城市土壤流失，还有助于降低因呼吸系统而导致的各种呼吸道疾病。

第三，保持湖泊、湿地等生态环境多态性。湖泊湿地具有调蓄功能，能够降低自然洪涝灾害。湿地由于水分充足，植被茂盛，水分蒸发和植物蒸腾作用旺盛，能够改善局部气候和降水量等。湖泊湿地的植物不仅能提高土壤含水量，加固堤岸，而且具有与森林相同的环境吸收作用。

第四，大量发展节水产业，保护水资源。中国是水资源大国，但水资源分布极度不平衡。在当前的自然条件下，发展节水产业意义非凡。发展节水产业要求扩大节水技术的推广和普及，尤其是要提高农业生产领域、居民家庭生活领域的节水技术普及程度。发展节水产业还要在产业布局上优先发展节水行业，对于那些虽然污染排放少，但是水资源需求量大的行业，例如电解铝等，也要及时调整供水结构，鼓励使用中水、再生水，提高水资源的使用效率。

第五，构建区域生态环境质量协同提升机制。各省份和地区间要加强合作、交流和互动，东部地区要继续保持经济和技术优势，着力发展低污染高附加值产业，完善公共服务建设，缓解人口压力，增强生态系统稳定性。中部、西部地区环境治理不能急于求成，要杜绝简单粗暴的“关停式”处理，避免影响人民生活的“一刀切”现象发生，加大生态系统保护和修复工程的投资布局，持续开展植树造林、退耕还林、退耕还湖，退耕还湿、退牧还草等工程，强化农村地区的人居环境整治，切实满足人民生活对生态审美和生态服务的美好需求。

三、加大环境治理力度，提升环境治理质量

第一，加强环保科技队伍建设。根据《中国环境统计年鉴》的数据，2000年全国环保系统科技人员为6394人，占环保系统总人数的4.88%；2015年全国环保系统科技人员为6776人，占总人数的比例下降到2.92%，其中地市和县级环保科技人员比例仅为2.01%，环保科研队伍呈现出相对弱化的趋势。加强我国环保科技队伍建设，提高科技人员占比是落实创新驱动，提高环境治理质量的前提，特别是要加强基层环保科技队伍建设。

第二，保持合理的环境科技投入。从国家生态环境部（含下属机构）公布的各年财政决算数据可以发现，2007~2010年该部科技累计支出为40.3亿元，占决算总支出的35.43%；2011~2015年科技累计支出占总支出比为24.14%，2016~2018年则下降到20.01%。进一步分析，科技支出中基本支出（办公费、人员工资等）的比重从2007~2010年的2.29%上升到2016~2018年的5.56%，而用于科研项目支出的比重从2007~2010年的97.6%下降到2016~2018年的94.44%。国家环境治理最高机构的科技支出占比、科技项目支出占比同时下降，与创新发展的趋势相悖，也会引发地方政府效仿，从而降低全国环境治理的科技投入强度。环境治理中的基础性研究，国家投入无可替代。

第三，提高环境治理“软实力”。首先，提高环境治理投资比例。全国环境污染治理投资总额中，用于城市环境治理基础设施的投资从2000年的56.21%持续上升到2017年的63.8%（2010年曾达到68.08%）。各级政府应加大面向环境治理的投资支持力度，尤其是治理研发、技能培训、科技项目转化和推广、管理机制等。其次，推进制度创新。一是完善环境治理考核机制，把环境治理效率或质量纳入地方政府、国家职能部门考核内容。二是制定国家层面的环境治理投资后评估办法，引导质量型治理。三是将环境治理资金从按行政区域配置调整为按污染区域配置。四是动员社会力量，鼓励社会公众参与环境治理。五是创新环境治理的融资政策，支持碳排放权融资、节能减排效果抵押、清洁生产信贷等。

第四，坚持合作开放的理念，吸引各方力量共同提高环境治理质量。一是环境科研项目面向全社会招标。生态环境部内部的科研项目大部分由下属科研机构承担，从2000~2010年科技投入产出的横向比较结果看，效果并不理想。环境治理是全国性的难题，环境治理主管部门要摒弃本位意识，科研项目面向

全国招标，引入竞争机制，鼓励系统外的科研单位参与。为防止走过场，项目评委要保持足够的外部评委比例。二是开放合作，鼓励更多的社会资本进入环境保护领域。要坚持开放的心态治理环境，按照市场化的运营机制，走社会化的治理道路，千方百计吸引更多社会资本参与环境治理，让最先进的技术、最高效的治理模式参与到环境治理中。

第五，提高环境治理补贴透明度，提高使用效率。一是制定严格的环境治理补贴监管制度，对于补贴的条件、金额、发放对象、使用要求、实际使用效果等均应纳入监管范围；完善环境补贴的问责机制，对于违规者应制定严厉的惩处措施。二是提高环境治理补贴的公平性、透明性。补贴的年度计划、审核标准、补贴内容应提前公布，执行过程中补贴对象、补贴金额、补贴方式应公示或公开，避免暗箱操作；政府补贴资金的使用情况应接受审计等。三是建立环境治理补贴评估机制，对于接受补贴的企业，要评估其资金使用效果，资金使用效益好的单位可列入“红名单”，后期优先资助；资金使用效果差的应减少或停止后续补贴。

四、把协同治理作为缩小要素效率区域差异的关键步骤

第一，做好环境污染治理协同治理的顶层设计。首先要将全国地区作为一个整体，采用系统论的研究方法，做好顶层设计，制定不同地区统一的环境污染治理任务、目标，并将其分解为各区域、各行业、各部门的细化目标，避免各自为政。

第二，加强区域协同治理的法治保障。法治是推进区域环境协同治理的根本保障。当前我国关于环境治理的法律不少，但是解决跨区域环境治理的法律法规仍是空白。一是应该加快协同治理立法步伐，将环境协同治理责任在法律层面加以固化。二是加强区域内环境问题的协同执法力度，对于相同的污染问题，执法标准、执法程序、处理结果应具有可比性，保证区域内的统一尺度，化解区域内环境治理执法差异和制度冲突。

第三，建立区域内统一的环境污染信用体系。国家“十三五”规划把生态环境目标列为约束性指标，目的在于进一步强化地方政府的责任。而建立企业的环境信用体系，制定“黑名单”是各地政府常用的方法。为加强协同治理，各地区应建立统一的企业环境信用体系，共享企业污染排放数据和实行污染信息，对于污染严重、环境信用不佳的企业实施西部区域内统一对待，这样有利于提高污染企业的污染社会成本。

第四，优化区域环境治理制度。一是调整环境治理资金投资方式，将国家环境治理投资从按行政区域投资变为按照污染区域或影响区域投资，明确污染区域内的统筹协调部门（或地方政府），加强区域间环境治理的交流与合作。可优先在京津冀、长江中上游沿江区域、西部生态脆弱区等重点区域率先示范。二是签订区域性的环境污染治理投资合同书，明确投资方向、金额和治理效果，改变“重事前评审，轻事后评估”的现状，提高资金使用效率。三是建立激励机制，环境治理资金优先向治理效率高的地区配置，倒逼地方政府推动地方经济调整，优化产业结构。四是制定严格的产业转移目录和配套政策。东部地区向中部、西部产业转移的行业，如果属于目录中严格管理的行业，转移方必须配套转移一定的环境治理资金和环境治理技术。

五、以政策手段驱动生态全要素生产率的提升

第一，建立统一的绿色发展考核体系，纳入地方政府负责人考核方法。长期以来，地方政府领导政绩考核指标中，主要是经济发展的数量型指标类，尤其是经济发展数量型指标，但是在发展 GDP 的同时一定要强调发展的效率和质量。通过质量型指标引导各级政府负责人重视转变经济发展方式，提高发展质量。此外，各级政府要认真落实新的考核办法，上下联动，充分挖掘各级地方政府推动绿色发展的内部动力。

第二，发挥好环境税和绿色补贴的作用，激励绿色发展。适度扩大环境税的征收范围和征收对象。《中华人民共和国环境保护税法》规定，环境税的纳税人为直接向环境排放应税污染物的企业事业单位和其他生产经营者，也就是说企事业单位才是征收对象。但是生活污染排放总量持续增加，其在污染排放总量中的比例也不断提高。2015 年全国废水排放总量为 735. 3 亿吨，其中生活污水排放 535. 2 亿吨，占 72. 8%，较 2005 年提高了 19 个百分点。设计适合个人对象的污水排放税收政策，应该提上议事日程。

第三，加大减征力度，正向激励绿色发展。《中华人民共和国环境保护税法》规定，只有两种情况可以减征：纳税人排放应税大气污染物或者水污染物的浓度值低于国家和地方规定的排放标准 30%，按 75% 征收环境保护税；纳税人排放应税大气污染物或者水污染物的浓度值低于国家和地方标准 50% 的，按 50% 征收环境保护税。为提升激励效果，建议按照 30% 为减征点，排放标准低于国家或地方标准在 30% ~50% 之间的，按照线性比例原则减征，而对于排放标准低于国家或地方标准 50% 的，可以实行免征或缓征，以进一步激

励企业实施绿色发展。

第四，积极推动单位强度减排，建立严格、透明、公平的强度减排约束政策体系，提高强度约束效率。应制定严格的强度减排监管制度，强度约束的条件、目标、约束对象、配套要求、实际效果等均应纳入监管内容。政府要不断完善强度约束的问责机制，对于违规者应制定严厉的惩罚措施，提高强度约束的公平性、透明性。强度减排年度计划、评价标准、考核内容应提前公布，执行过程中减排对象、执行情况应公示或公开，避免暗箱操作。强度约束的政府补贴资金的使用情况应接受审计。建立强度约束评估机制，要评估各地区强度减排效果，减排效果好的地区或企业可列入“红名单”，下一年度可考虑给予补贴，减排效果差的地区或企业可警告或纳入“黑名单”，减少项目审批和环境补贴。应充分鼓励、引导其他政策工具参与强度减排政策，通过政策引导、市场化运营，吸引银行、证券、基金和保险等行业参与强度减排。推进企业清洁生产，创新金融产品研发，开展碳排放权融资、绿色补贴权质押，提供绿色产品信贷等，撬动社会资源，降低强度减排的“挤出效应”。

第五，充分发挥社会公众在生态环境治理中的作用。当前，政府机构要主动扩大宣传，增进社会公众对生态环境的认识和了解；定期召开社会沟通会、听证会、新闻发布会，提高生态环境治理的透明度；设立专项奖励基金，鼓励社会公众参与环境治理。除了电话、信件、信访、电子邮件等传统渠道外，还要借助微博、微信、抖音、论坛、博客、直播等，为社会公众提供多种参与途径，吸引更多年轻人主动参与生态治理。

第六，加快推进第三方环境治理模式。一是进一步深化政府职能改革，简政放权，通过资源配置将环境治理的权力适度让渡给企业、市场和社会组织，鼓励将第三方环境治理融资纳入绿色金融扶持范围。二是发挥行业协会等社会中介的作用，完善第三方环境污染治理企业的资质标准、信用评价等，建立第三方治理企业的准入机制、淘汰机制，维护良好市场运行机制。三是加强第三方环境治理监管。增强环境信息透明度，督促污染排放企业、第三方治污企业在一定范围内及时公布环境报告，保证政府、公众、评估机构能及时掌握企业环境污染治理信息。

第三节 研究展望

本书基于强可持续理论对中国生态全要素生产率进行研究，但是受资料等原因的限制，仍然存在着一些不足之处，还有进一步研究的空间。

第一，环境污染评价体系有继续完善空间。本书将环境污染与经济产出同时纳入研究框架，为捕捉真实的经济发展效应奠定基础。基于强可持续理论，在测度环境污染时，构建了包含 15 个指标的评价体系，但是这些指标多为耕地、森林、绿地等，对于土壤、沙化等指标考虑未予以考虑。此外，随着生活水平的提高，居民污染排放也日益加重，因此主要关注工业污染的评价指标略显滞后。选取的环境污染指标多为排放量指标，环境实时检测类指标采用较少，如空气优良天数、PM2. 5 平均浓度、地表水等级等指标，这可能导致评价结果与人的客观感知有出入。在未来的研究中，完善测度指标体系，增强测度结果的人文感知，提高公众对环境评价的认同感，是需要继续研究的内容。

第二，缺乏生态全要素生产率的国际化比较研究。本研究基于中国现状，从国家、地区和省际维度分别研究生态环境质量和生态全要素生产率，并对如何在制度因素下提高生态全要素生产率的作用机制进行了分析。受研究视野和数据所限，对于上述各项研究，缺乏不同国家之间的比较研究。在未来的研究中要拓展研究视野，通过国际比较，为全面制定适合中国实际的经济发展策略提供经验。

第三，研究样本还有继续深化的空间。本研究以省为研究对象，有可能导致局部小范围地区的绿色发展问题被忽略，可能会影响绿色发展地市层面的政策检验和政策建议。将研究样本拓展至地市层面，细化研究内容，提高研究的有效性和针对性，这些都有待深化。

参考文献

[1] 白俊红，聂亮. 能源效率、环境污染与中国经济发展方式转变 [J]. 金融研究，2018 (10).

[2] 蔡昉. 中国经济增长如何转向全要素生产率驱动型 [J]. 中国社会科学，2013 (1).

[3] 曾贤刚. 中国区域环境效率及其影响因素 [J]. 经济理论与经济管理，2011 (10).

[4] 柴盈，曾云敏. 中国走向强可持续性发展的战略选择 [J]. 中国流通经济，2010，24 (1).

[5] 陈超凡. 中国工业绿色全要素生产率及其影响因素——基于 ML 生产率指数及动态面板模型的实证研究 [J]. 统计研究，2016，33 (3).

[6] 陈菁泉，刘伟，杜重华. 环境规制下全要素生产率逆转拐点的空间效应——基于省际工业面板数据的验证 [J]. 经济理论与经济管理，2016 (5).

[7] 陈亮，陈霞. 迈过“中等收入陷阱”的战略选择——中国经济改革发展论坛（2010）讨论综述 [J]. 经济学动态，2011 (5).

[8] 陈明华，张晓萌，仲崇阳等. 长江经济带全要素生产率增长的地区差异及影响因素 [J]. 经济社会体制比较，2018 (2).

[9] 陈诗一. 能源消耗、二氧化碳排放与中国工业的可持续发展 [J]. 经济研究，2009，44 (4).

[10] 陈诗一. 中国各地区低碳经济转型进程评估 [J]. 经济研究，2012 (8).

[11] 成艾华. 技术进步、结构调整与中国工业减排——基于环境效应分解模型的分析 [J]. 中国人口·资源与环境，2011，21 (3).

[12] 成金华，李悦，陈军. 中国生态文明发展水平的空间差异与趋同性 [J]. 中国人口·资源与环境，2015，25 (5).

[13] 崔晶. 新型城镇化进程中地方政府环境治理行为研究 [J]. 中国人口·资源与环境，2016 (8).

[14] 戴星翼. 中等收入陷阱与资源环境约束 [J]. 毛泽东邓小平理论研

究，2015（1）.

[15] 邓文钱．绿色发展的逻辑和路径——以供给侧结构性改革为分析视角［J］．江西社会科学，2017，37（11）.

[16] 董锋，龙如银，李晓晖．考虑环境因素的资源型城市转型效率分析——基于DEA方法和面板数据［J］．长江流域资源与环境，2012，21（5）.

[17] 杜飞进．论国家生态治理现代化［J］．哈尔滨工业大学学报（社会科学版），2016，18（3）.

[18] 杜莉，周津宇．政府持股比例与金融机构资源配置的“绿色化”——基于银行业的研究［J］．武汉大学学报（哲学社会科学版），2018，71（3）.

[19] 范建平，肖慧，樊晓宏．考虑非期望产出的改进EBM－DEA三阶段模型——基于中国省际物流业效率的实证分析［J］．中国管理科学，2017，25（8）.

[20] 范庆泉，周县华，刘净然．碳强度的双重红利：环境质量改善与经济持续增长［J］．中国人口·资源与环境，2015，25（6）.

[21] 冯杰，张世秋．基于DEA方法的我国省际绿色全要素生产率评估——不同模型选择的差异性探析［J］．北京大学学报（自然科学版），2017，53（1）.

[22] 高赢．中国八大综合经济区绿色发展绩效及其影响因素研究［J］．数量经济技术经济研究，2019，36（9）.

[23] 郭亚军，马凤妹，董庆兴．无量纲化方法对拉开档次法的影响分析［J］．管理科学学报，2011（5）.

[24] 胡鞍钢，唐啸，鄢一龙．中国绿色储蓄率核算：1978－2010［J］．中国软科学，2013（8）.

[25] 胡小梅．中国式分权、文化非正式制度与环境污染关系的实证［J］．统计与决策，2018（15）.

[26] 黄茂兴，叶琪．马克思主义绿色发展观与当代中国的绿色发展——兼评环境与发展不相容论［J］．经济研究，2017（6）.

[27] 黄志斌，姚灿，王新．绿色发展理论基本概念及其相互关系辨析［J］．自然辩证法研究，2015，31（8）.

[28] 蒋南平，向仁康．中国经济绿色发展的若干问题［J］．当代经济研究，2013（2）.

[29] 李华旭，孔凡斌，陈胜东．长江经济带沿江地区绿色发展水平评价

及其影响因素分析——基于沿江11省（市）2010－2014年的相关统计数据［J］. 湖北社会科学，2017（8）.

［30］李婧，朱承亮，安立仁. 中国经济低碳转型绩效的历史变迁与地区差异［J］. 中国软科学，2013（5）.

［31］李静，沈伟. 环境规制对中国工业绿色生产率的影响——基于波特假说的再检验［J］. 山西财经大学学报，2012（2）.

［32］李兰冰，刘秉镰. 中国高技术产业的效率评价与成因识别［J］. 经济学动态，2014（9）.

［33］李兰冰，刘秉镰. 中国区域经济增长绩效、源泉与演化：基于要素分解视角［J］. 经济研究，2015，50（8）.

［34］李丽平，周国梅，季浩宇. 污染减排的协同效应评价研究——以攀枝花市为例［J］. 中国人口·资源与环境，2010，20（2）.

［35］李梦欣，任保平. 中国特色绿色发展道路的阶段性特征及其实现的路径选择［J］. 经济问题，2019（10）.

［36］李平. 环境技术效率、绿色生产率与可持续发展：长三角与珠三角城市群的比较［J］. 数量经济技术经济研究，2017，34（11）.

［37］李强. 环境分权与企业全要素生产率——基于我国制造业微观数据的分析［J］. 财经研究，2017（3）.

［38］李曦辉，黄基鑫. 绿色发展：新常态背景下中国经济发展新战略［J］. 经济与管理研究，2019（8）.

［39］李雪梅. 环境污染与植物修复［J］. 农业环境科学学报，2017，36（10）.

［40］李政大，刘坤. 中国绿色包容性发展图谱及影响机制分析［J］. 西安交通大学学报（社会科学版），2018（1）.

［41］李政大，袁晓玲，苏玉波. 中国经济发展方式转型效果评估——基于EBM-Luenberger模型［J］. 财贸经济，2017，38（1）.

［42］李政大，袁晓玲，杨万平. 环境质量评价研究现状、困惑和展望［J］. 资源科学，2014（1）.

［43］李政大. 生态文明研究现状，困境与展望［J］. 西安交通大学学报（社会科学版），2016（6）.

［44］李子豪. 公众参与对地方政府环境治理的影响——2003－2013年省际数据的实证分析［J］. 中国行政管理，2017（8）.

［45］梁红艳. 中国城市群生产性服务业分布动态、差异分解与收敛性

[J]. 数量经济技术经济研究, 2018, 35 (12).

[46] 林伯强, 李江龙. 环境治理约束下的中国能源结构转变——基于煤炭和二氧化碳峰值的分析 [J]. 中国社会科学, 2015 (9).

[47] 刘冲, 乔坤元, 周黎安. 行政分权与财政分权的不同效应: 来自中国县域的经验证据 [J]. 世界经济, 2014 (10).

[48] 刘瑞明, 金田林. 政绩考核、交流效应与经济发展——兼论地方政府行为短期化 [J]. 当代经济科学, 2015 (3).

[49] 刘瑞翔, 安同良. 资源环境约束下中国经济增长绩效变化趋势与因素分析——基于一种新型生产率指数构建与分解方法的研究 [J]. 经济研究, 2012, 47 (11).

[50] 刘瑞翔. 探寻中国经济增长源泉: 要素投入、生产率与环境消耗 [J]. 世界经济, 2013, 36 (10).

[51] 刘晓倩, 范超. 基于弹性网模型的"中等收入陷阱"问题研究 [J]. 调研世界, 2018 (8).

[52] 刘亦文, 文晓茜, 胡宗义. 中国污染物排放的地区差异及收敛性研究 [J]. 数量经济技术经济研究, 2016, 33 (4).

[53] 刘战豫, 孙夏令. 中国物流业绿色全要素生产率的时空演化及动因分析 [J]. 软科学, 2018, 32 (4).

[54] 娄树旺. 环境治理: 政府责任履行与制约因素 [J]. 中国行政管理, 2016 (3).

[55] 卢洪友, 刘啟明, 祁毓. 中国环境保护税的污染减排效应再研究——基于排污费征收标准变化的视角 [J]. 中国地质大学学报 (社会科学版), 2018 (5).

[56] 卢丽文, 宋德勇, 黄璨. 长江经济带城市绿色全要素生产率测度——以长江经济带的108个城市为例 [J]. 城市问题, 2017 (1).

[57] 吕福新. 绿色发展的基本关系及模式——浙商和遂昌的实践 [J]. 管理世界, 2013 (11).

[58] 祁毓, 卢洪友, 徐彦坤. 中国环境分权体制改革研究: 制度变迁、数量测算与效应评估 [J]. 中国工业经济, 2014 (1).

[59] 钱争鸣, 刘晓晨. 中国绿色经济效率的区域差异及影响因素分析 [J]. 中国人口·资源与环境, 2013, 23 (7).

[60] 秦书生, 胡楠. 中国绿色发展理念的理论意蕴与实践路径 [J]. 东北大学学报 (社会科学版), 2017, 19 (6).

[61] 任阳军，汪传旭，俞超．中国区域绿色全要素生产率的空间溢出效应研究 [J]．软科学，2019，33 (4)．

[62] 任志宏，赵细康．公共治理新模式与环境治理方式的创新 [J]．学术研究，2006 (9)．

[63] 沈坤荣，金刚．以提升全要素生产率为重点推进供给侧结构性改革 [J]．南京财经大学学报，2016 (3)．

[64] 石光，周黎安，郑世林等．环境补贴与污染治理——基于电力行业的实证研究 [J]．经济学（季刊），2016 (4)．

[65] 石莹，朱永彬，王铮．成本最优与减排约束下中国能源结构演化路径 [J]．管理科学学报，2015 (10)．

[66] 史丹，王俊杰．基于生态足迹的中国生态压力与生态效率测度与评价 [J]．中国工业经济，2016 (5)．

[67] 束加稳，杨文培．杭州市生态环境质量综合评价研究 [J]．生态经济，2019，35 (2)．

[68] 宋修霖，龚梦洁，王晓，张凌云，齐晔．地方政府 COD 总量减排途径及行为研究 [J]．中国地质大学学报（社会科学版），2015，15 (4)．

[69] 唐任伍，李澄．元治理视阈下中国环境治理的策略选择 [J]．中国人口·资源与环境，2014，24 (2)．

[70] 田银华，贺胜兵，胡石其．环境约束下地区全要素生产率增长的再估算：1998 - 2008 [J]．中国工业经济，2011 (1)．

[71] 王兵，侯冰清．中国区域绿色发展绩效实证研究：1998 - 2013——基于全局非径向方向性距离函数 [J]．中国地质大学学报（社会科学版），2017 (6)．

[72] 王兵，吴延瑞，颜鹏飞．中国区域环境效率与环境全要素生产率增长 [J]．经济研究，2010，45 (5)．

[73] 王海芹，高世楫．我国绿色发展萌芽、起步与政策演进：若干阶段性特征观察 [J]．改革，2016 (3)．

[74] 王谦，董艳玲．中国实体经济发展的地区差异及分布动态演进 [J]．数量经济技术经济研究，2018 (5)．

[75] 王贤彬，张莉，徐现祥．地方政府土地出让、基础设施投资与地方经济增长 [J]．中国工业经济，2014 (7)．

[76] 王晓君，吴敬学，蒋和平．中国农村生态环境质量动态评价及未来发展趋势预测 [J]．自然资源学报，2017，32 (5)．

[77] 王彦林，彭文民，姚和霞．经济增长理论与拉动中国经济增长的因素分析 [J]．现代经济（现代物业下半月刊），2007，6 (2)．

[78] 王永瑜，王丽君．甘肃省生态环境质量评价及动态特征分析 [J]．干旱区资源与环境，2011，25 (5)．

[79] 王裕瑾，于伟．我国省际绿色全要素生产率收敛的空间计量研究 [J]．南京社会科学，2016 (11)．

[80] 魏巍贤，赵玉荣．可再生能源电价补贴的大气环境效益分析 [J]．中国人口·资源与环境，2017，27 (10)．

[81] 吴传清，董旭．环境约束下长江经济带全要素能源效率研究 [J]．中国软科学，2016 (3)．

[82] 吴健，陈青．环境保护税：中国税制绿色化的新进程 [J]．环境保护，2017 (1)．

[83] 吴瑞财．碎片化及其整合机制：国家主要污染物总量减排执行机制分析 [J]．华侨大学学报（哲学社会科学版），2018 (5)．

[84] 吴书胜．中国区域全要素生产率的空间非均衡及分布动态演进：2003－2014 年 [J]．产经评论，2018，9 (2)．

[85] 吴小节，彭韵妍，汪秀琼．中国生态文明发展状况的时空演变与驱动因素 [J]．干旱区资源与环境，2016，30 (8)．

[86] 徐小鹰．资源环境约束下区域经济增长效率研究 [J]．统计与决策，2019，35 (2)．

[87] 徐晓亮．清洁能源补贴改革对产业发展和环境污染影响研究——基于动态 CGE 模型分析 [J]．上海财经大学学报，2018 (5)．

[88] 许宪春，任雪，常子豪．大数据与绿色发展 [J]．经济研究参考，2019 (10)．

[89] 杨飞．环境税、环境补贴与清洁技术创新：理论与经验 [J]．财经论丛，2017 (8)．

[90] 杨国忠，姜玙．多代竞争环境下政府补贴对绿色技术扩散的影响 [J]．科技管理研究，2018 (19)．

[91] 杨骞，王珏，李超等．中国农业绿色全要素生产率的空间分异及其驱动因素 [J]．数量经济技术经济研究，2019，36 (10)．

[92] 杨俊，邵汉华．环境约束下的中国工业增长状况研究——基于 Malmquist-Luenberger 指数的实证分析 [J]．数量经济技术经济研究，2009 (9)．

[93] 杨立华，刘宏福．绿色治理：建设美丽中国的必由之路 [J]．中国

行政管理，2014（11）.

［94］杨汝岱．中国制造业企业全要素生产率研究［J］．经济研究，2015（2）.

［95］杨万平，杜行．中国经济增长源泉：要素投入、效率提升还是生态损耗？［J］．西安交通大学学报（社会科学版），2015，35（4）.

［96］杨万平，李冬．中国生态全要素生产率的区域差异与空间收敛［J］．数量经济技术经济研究，2020，36（9）.

［97］杨万平，赵金凯．新常态下中国经济长期增长与短期波动的动态解析［J］．审计与经济研究，2018，33（3）.

［98］杨万平，赵金凯．政府环境信息公开有助于生态环境质量改善吗？［J］．经济管理，2018，40（8）.

［99］杨万平，赵金凯．中国人居生态环境质量的时空差异及影响因素研究［J］．华东经济管理，2018，32（2）.

［100］杨万平．中国省际环境污染的动态综合评价及影响因素［J］．经济管理，2010，32（8）：5.

［101］杨万平．中国西部地区经济增长源泉——基于人力资本与能源消费的双重约束［J］．华东经济管理，2014，28（1）.

［102］叶金珍，安虎森．开征环保税能有效治理空气污染吗？［J］．中国工业经济，2017（5）.

［103］尹向飞，段文斌．中国全要素生产率的来源：理论构建和经验数据［J］．南开经济研究，2016（1）.

［104］尹向飞，欧阳峣．中国全要素生产率再估计及不同经济增长模式下的可持续性比较［J］．数量经济技术经济研究，2019，36（8）.

［105］于潇，孙猛．中国省际碳排放绩效及2020年减排目标分解［J］．吉林大学社会科学学报，2015，55（1）.

［106］余泳泽．中国省际全要素生产率动态空间收敛性研究［J］．世界经济，2015，38（10）.

［107］袁倩．绿色发展的理念与实践及其世界意义［J］．国外理论动态，2017（11）.

［108］袁晓玲，贺斌．中国城市全要素土地生产率测度及影响因素分析——基于全要素框架下分项要素绩效分解［J］．城市发展研究，2018，25（12）.

［109］袁晓玲，景行军，李政大．中国生态文明及其区域差异研究——

基于强可持续视角［J］. 审计与经济研究，2016（1）.

［110］袁晓玲，李政大. 中国生态环境动态变化、区域差异和影响机制［J］. 经济科学，2013（6）.

［111］袁晓玲，杨万平，张跃胜等. 中国环境质量综合评价报告（2018）［M］. 北京：中国经济出版社，2018.

［112］岳书敬，邹玉琳，胡姚雨. 产业集聚对中国城市绿色发展效率的影响［J］. 城市问题，2015（10）.

［113］张军，吴桂英，张吉鹏. 中国省际物质资本存量估算：1952－2000［J］. 经济研究，2004（10）.

［114］张明亲，张腾月. 资源环境约束下的陕西装备制造业技术效率研究［J］. 科技管理研究，2013，33（9）.

［115］张培丽. 人口、资源与环境经济学研究进展及未来发展［J］. 经济研究参考，2018（62）.

［116］张乾元，苏俐晖. 绿色发展的价值选择及其实现路径［J］. 新疆师范大学学报（哲学社会科学版），2017，38（2）.

［117］张少辉，余泳泽. 土地出让、资源错配与全要素生产率［J］. 财经研究，2019，45（2）.

［118］张同斌，张琦，范庆泉. 政府环境规制下的企业治理动机与公众参与外部性研究［J］. 中国人口·资源与环境，2017（2）.

［119］张晓玲. 可持续发展理论：概念演变、维度与展望［J］. 中国科学院院刊，2018，33（1）.

［120］赵领娣，张磊，徐乐，胡明照. 人力资本、产业结构调整与绿色发展效率的作用机制［J］. 中国人口·资源与环境，2016，26（11）.

［121］赵卫权，杨振华，苏维词，周文龙. 基于生态与社会资产核算的生态文明综合评价［J］. 生态经济，2016，32（5）.

［122］郑海友，蒋锦洪. 论实现“绿色发展”的四大支撑［J］. 求实，2016（10）.

［123］郑江淮，宋建，张玉昌等. 中国经济增长新旧动能转换的进展评估［J］. 中国工业经济，2018（6）.

［124］周县华，范庆泉. 碳强度减排目标的实现机制与行业减排路径的优化设计［J］. 世界经济，2016，39（7）.

［125］周小亮，吴武林. 中国包容性绿色增长的测度及分析［J］. 数量经济技术经济研究，2018，35（8）.

[126] 周雪娇，杨琳．基于创新驱动的区域经济与生态环境协调发展的研究［J］．经济问题探索，2018（7）．

[127] 朱瑞雪．中国面临的“中等收入陷阱”及其应对［J］．经济研究导刊，2013（3）．

[128] 朱子云．中国经济发展省际差距成因的双层挖掘分析［J］．数量经济技术经济研究，2015，32（1）．

[129] 诸大建，刘淑妍．基于生态限制模型的中国可持续发展政策创新研究［J］．公共管理与政策评论，2012，1（1）．

[130] 诸大建．从“里约+20”看绿色经济新理念和新趋势［J］．中国人口·资源与环境，2012（9）．

[131] 邹庆华．生态环境协同治理中公民生态意识的培育［J］．哈尔滨工业大学学报（社会科学版），2016，18（5）．

[132] 邹璇，雷璨，胡春．环境分权与区域绿色发展［J］．中国人口·资源与环境，2019，29（6）．

[133] Ang F，Kerstens P J. Decomposing the Luenberger-Hicks-Moorsteen total factor productivity indicator：an application to US agriculture［J］. European Journal of Operational Research，2017，260（1）.

[134] Bai Y，Hua C，Jiao J，et al. Green efficiency and environmental subsidy：evidence from thermal power firms in China［J］. Journal of Cleaner Production，2018，188.

[135] Chen Y，Liu B，Shen Y，et al. Spatial analysis of change trend and influencing factors of total factor productivity in China's regional construction industry［J］. Applied Economics，2017，50（25）.

[136] Christina B，George H. Dynamics of productivity taking into consideration the impact of energy consumption and environmental degradation［J］. Energy Policy，2018，120.

[137] Devall M S，Jackson B D. Cat Island Swamp：window to a fading Louisiana ecology［J］. Forest Ecology & Management，1990，33（1-4）.

[138] Färe R，Grosskopf S. Modeling undesirable factors in efficiency evaluation：comment［J］. European Journal of Operational Research，2004，157（1）.

[139] Fredriksson P G，Neumayer E. Corruption and climate change policies：do the bad old days matter？［J］. Environmental & Resource Economics，2014，63（2）.

[140] Fukuyama H, Weber W L. A directional slacks-based measure of technical inefficiency [J]. Socio-Economic Planning Sciences, 2009, 43 (4).

[141] Gao J, Xiao Z, Wei H, et al. Active or passive? sustainable manufacturing in the direct-channel green supply chain: a perspective of two types of green product designs [J]. Transportation Research Part D: Transport and Environment, 2018, 65.

[142] Gouvea R, Kassicieh S, Montoya M J R. Using the quadruple helix to design strategies for the green economy [J]. Technological Forecasting and Social Change, 2013, 80 (2).

[143] Hailu A, Veeman T S. Non-parametric productivity analysis with undesirable outputs: an application to the canadian pulp and paper Industry [J]. American Journal of Agricultural Economics, 2001, 83 (3).

[144] He M, Zhou J, Liu L. A study of supporting legal policies for improving China's new energy automobile industry based on environmental benefits equilibrium-enlightenment from the environmental subsidies of Germany legal system [J]. International Journal of Hydrogen Energy, 2017, 42 (29).

[145] Hsueh S L. A fuzzy logic enhanced environmental protection education model for policies decision support in green community development [J]. Scientific World Journal, 2013.

[146] Jain P, Jain P. Sustainability assessment index: a strong sustainability approach to measure sustainable human development [J]. International Journal of Sustainable Development and World Ecology, 2013, 20 (2).

[147] Kumar R R, Stauvermann P J, Kumar N N, et al. Revisiting the threshold effect of remittances on total factor productivity growth in South Asia: a study of Bangladesh and India [J]. Applied Economics, 2018, 50 (26).

[148] LeSage P, Pace R K. Introduction to spatial econometrics. US: CRC Press Taylor & Francis Group. 2009.

[149] Leslie G. Tax induced emissions? Estimating short-run emission impacts from carbon taxation under different market structures [J]. Journal of Public Economics, 2018, 167.

[150] Liu L, Zhang B, Bi J. Reforming China's multi-level environmental ·nce: Lessons from the 11th Five-Year Plan [J]. Environmental Science & ·012, 21 (8).

[151] MacDonald S, Eyre N. An international review of markets for voluntary green electricity tariffs [J]. Renewable and Sustainable Energy Reviews, 2018, 91: 180 - 192.

[152] Markandya A, González-Eguino M, Escapa M. From shadow to green: linking environmental fiscal reforms and the informal economy [J]. Energy Economics, 2013, 40.

[153] Mekala G D, Hatton MacDonald D. Lost in transactions: analyzing the institutional arrangements underpinning urban green infrastructure [J]. Ecological Economics, 2018, 147.

[154] Mittal S, Dhar R L. Effect of green transnational leadership on green creativity: A study of tourist hotels [J]. Tourism Management, 2016, 57.

[155] Oh D, Phillips F, Chen H. Support mechanism in technologist toward green growth [M] //Oh D, Phillips F. Technologist. Springer London, 2014.

[156] Onuoha I J, Aliagha G U, Rahman M S A. Modelling the effects of green building incentives and green building skills on supply factors affecting green commercial property investment [J]. Renewable and Sustainable Energy Reviews, 2018, 90.

[157] Pearce D W. Blueprint: for a green economy [M]. London: Earth Scan Ltd, 1989.

[158] Puppim De Oliveira J A, Doll C N H, Balaban O et al. Green economy and governance in cities: assessing good governance in key urban economic processes [J]. Journal of Cleaner Production, 2013, 58 (1).

[159] Seiford L M, Zhu J. Modeling undesirable factors in efficiency evaluation [J]. European Journal of Operational Research, 2002, 142 (2).

[160] Steenkamp, Daan. Factor substitution and productivity in New Zealand [J]. Economic Record, 2018, 94 (304).

[161] Tang D, Tang J, Xiao Z, et al. Environmental regulation efficiency and total factor productivity: effect analysis based on Chinese data from 2003 to 2013 [J]. Ecological Indicators, 2017, 73.

[162] Tone K, Tsutsui M. An epsilon-based measure of efficiency in DEA-a third pole of technical efficiency [J]. European Journal of Operational Research, 2010, 20 (7).

[163] Tone K. A slacks-based measure of efficiency in data envelopment analy-

sis [J]. European Journal of Operational Research, 2001, 130 (3).

[164] Vencheh A H, Matin R K, Kajani M T. Undesirable factors in efficiency measurement [J]. Applied Mathematics and Computation, 2005, 163 (8).

[165] Wanping Y, Bingyu Z, Jinkai Z, Zhengda L. An empirical study on the impact of foreign strategic investment on banking sustainability in China [J]. Sustainability, 2019, 11 (1).

[166] Wanping Y, Jinkai Z. Study on China's economic development from the perspective of strong sustainability [J]. The Singapore Economic Review, 2020, 65 (1).

[167] Zhengda L, Wanping Y, Chengjun W, et al. Guided high-quality development, resources, and environmental forcing in China's green development [J]. Sustainability, 2019, 11 (7).

[168] Zhengda L, Dong L, Wanping Y, et al. The spatial-temporal evolution and spatial convergence of ecological total factor productivity in China [J]. Energy & Environment, 2020, 31 (5).